PAPAS, IMPERADORES E HEREGES

NA IDADE MÉDIA

Série A Igreja na História

Coordenadores: José D'Assunção Barros, José Henrique Rollo Gonçalves e Solange Ramos de Andrade

– *Papas, imperadores e hereges na Idade Média*
José D'Assunção Barros

Dados Internacionais de Catalogação na Publicação (CIP)
(Câmara Brasileira do Livro, SP, Brasil)

Barros, José D'Assunção
Papas, imperadores e hereges na Idade Média /
José D'Assunção Barros. – Petrópolis, RJ : Vozes,
2012. – (Série A Igreja na História)

Bibliografia
ISBN 978-85-326-4391-9

1. Heresias e hereges – Idade Média 2. Igreja
Católica – Idade Média – História 3. Imperadores –
Idade Média – História 4. Papado – Idade Média –
História I. Título. II. Série.

12-05639 CDD-273

Índices para catálogo sistemático:
1. Hereges : Idade Média : História da Igreja 273
2. Imperadores : Idade Média : História da Igreja 273
3. Papas : Idade Média : História da Igreja 273

José D'Assunção Barros

PAPAS, IMPERADORES E HEREGES

na Idade Média

EDITORA VOZES

Petrópolis

Rua Frei Luís, 100
25689-900 Petrópolis, RJ
Internet: http://www.vozes.com.br
Brasil

Diretor editorial
Frei Antônio Moser

Editores
Aline dos Santos Carneiro
José Maria da Silva
Lídio Peretti
Marilac Loraine Oleniki

Secretário executivo
João Batista Kreuch

Editoração: Rachel Fernandes
Projeto gráfico: Victor Mauricio Bello
Capa: Felipe Souza | Aspectos

ISBN 978-85-326-4391-9

Editado conforme o novo acordo ortográfico.

Este livro foi composto e impresso pela Editora Vozes Ltda.
Rua Frei Luís, 100 – Petrópolis, RJ – Brasil – CEP 25689-900
Caixa Postal 90023 – Tel.: (24) 2233-9000
Fax: (24) 2231-4676

Sumário

Apresentação da coleção

Com a Série *A Igreja na História*, iniciada com o presente volume, a Editora Vozes traz a público um projeto que pretende se estender pelos próximos anos, oferecendo ao público-leitor uma sequência de livros de autores brasileiros que se dedicarão a examinar diversas temáticas relacionadas à história da Igreja e do cristianismo, abordando questões transversais importantes que envolvem os vários atores históricos que participaram e participam desta milenar história, as diversificadas tendências entrevistas no cristianismo, as suas formas de relação com o mundo social-político e com outras formações religiosas, bem como os aspectos culturais, políticos, econômicos e imaginários que se entrecruzam nesta complexa história.

Dedicamos esta coleção a diversos tipos de leitores. Além de beneficiar o público acadêmico de história, a intenção é trazer uma coleção que, escrita por historiadores, seja também interessante para outros segmentos do saber, como a Teologia, a Sociologia e a Antropologia. Sobretudo, almejamos atingir um público maior, não somente acadêmico, mas interessado em aprofundar conhecimentos sobre o tema a partir de um ponto de vista histórico e historiográfico. Esse empreendimento é precisamente o maior desafio da coleção, uma vez que a intenção é conservar um nível adequado de complexidade, rechaçando o caminho mais fácil das grandes obras de divulgação que por vezes banalizam as discussões históricas e historiográficas, e ao mesmo tempo apresentar as discussões mais complexas em uma linguagem simples, imediatamente compreensível para o grande público, mas que continue captando o interesse do público acadêmico e mais especializado. Integramos este projeto ao grande movimento intelectual que, nas últimas décadas, tem oferecido uma contrapartida ao isolamento dos saberes especializados ao almejar diluir ou mesmo eliminar as fronteiras entre a universidade e a sociedade, sem que para isso seja necessário sacrificar a qualidade do conhecimento.

Os diversos volumes da coleção estarão sempre trazendo uma atenta exposição *histórica* acerca das diversas temáticas examinadas, e cuidando para que esta seja devidamente acompanhada por uma discussão *historiográfica*. Dito de outra forma apresentamos, ao mesmo tempo, a história de cada aspecto abordado, e as diversas análises historiográficas que têm sido desenvolvidas pelos historiadores, situando-as com referências bem estabelecidas e ainda trazendo ao leitor polêmicas que confrontam posições distintas nos meios historiográficos. Desta maneira, a coleção abre um espaço para a diversidade de pontos de vista, permitindo que o próprio leitor se situe em um patamar crítico e se faça sujeito de suas próprias escolhas em relação aos modos de compreender cada assunto examinado.

A coleção abarcará todos os períodos históricos, da Antiguidade aos nossos dias, mas não se estruturará em uma ordem cronológica linear. O caráter aberto da mesma permite que cada novo título revisite transversalmente no tempo certo aspecto da história da Igreja e do cristianismo, ou então que se concentre em determinado período histórico na sua especificidade, mas sempre em uma ordem livre no interior da série, o que permitirá que a coleção prossiga indefinidamente enquanto houver interesse e demanda por novas temáticas a serem apresentadas. Alguns volumes poderão constituir obras de um único autor, e outros poderão concentrar ensaios de autores diversos. As temáticas sempre apresentarão uma amplitude que tornará cada volume atraente para um número maior de interessados, evitando-se nesta coleção o hiperespecialismo e recorte mais específico das teses de doutorado. Em favor de temáticas que sejam relevantes para um número maior de leitores, e igualmente atenta em assegurar a produção de um conhecimento historiográfico que possa efetivamente se socializar para além dos limites estritamente acadêmicos, a coleção *A Igreja na História* inscreve-se neste propósito maior que é o de tratar com consciência histórica as temáticas relacionadas à história da Igreja e da religiosidade.

José D'Assunção Barros
1º de junho de 2012.

históricas disponíveis aos historiadores que se dedicam ao estudo do tema.

As relações do cristianismo e da Igreja com a estruturação das sociedades medievais e com a consolidação de um imaginário a ela correspondente é o objeto do terceiro ensaio: "Trifuncionalidade Medieval". De igual maneira, o quarto ensaio também aborda as relações entre Igreja e política, ao examinar as tensas e bem articuladas relações entre "Papado e Império na Idade Média", por vezes geradoras de alianças capazes de beneficiar estes dois projetos universais que são o da Igreja Católica e o do império, por vezes geradoras de conflitos incontornáveis entre os poderes eclesiástico e temporal.

O quinto ensaio, ao discutir o "franciscanismo na Idade Média", busca examinar o surgimento e desenvolvimento desta ordem que, ainda que impondo uma nova forma de conceber e vivenciar a religiosidade cristã, consegue ser aceita pela Igreja oficial. Em seguida, o sexto capítulo, "Escolástica e História", aborda as relações entre Igreja e Universidade, concluindo a série de seis ensaios apresentados neste volume.

1

Passagens da Antiguidade Romana ao Ocidente Medieval: leituras historiográficas de um período limítrofe*

Introdução

Delimitar um grande período historiográfico no tempo, separando-o de um que se estende atrás dele e de outro que começa depois, é uma operação que traz indeléveis marcas ideológicas e culturais que nos falam da sociedade na qual está mergulhado o próprio historiador, dos seus diálogos intertextuais, de visões de mundo, que de resto estende-se para muito além do historiador que está estabelecendo seus recortes para a compreensão da história. Os próprios desenvolvimentos da historiografia – os novos campos históricos e domínios que surgem, a emergência de novas relações interdisciplinares, os enfoques a abordagens que se sucedem como novidades ou como reapropriação de antigas metodologias – trazem obviamente uma contribuição importante para que a cada vez se veja o problema da passagem de um a outro período histórico sob novos prismas.

Examinaremos sob esta perspectiva a questão da Antiguidade e de sua oscilação de fronteiras temporais em relação à

---

* Texto originalmente publicado na *Revista História* - Revista da Unesp, 28 (1), 2009, p. 543-573. Franca.

Idade Média, quando se tem em vista uma periodização da história no Ocidente. Será oportuno partir da constatação de que o acontecimento fundamental que rege muito habitualmente esta fronteira – ainda que se discutindo qual o momento mais emblemático a ser considerado – é recorrentemente o fim do Império Romano, ou o fim da civilização greco-romana, para considerar o problema em uma perspectiva mais ampla.

Este acontecimento – que de resto não teria maior importância para as diversas histórias possíveis de serem construídas em relação às espacialidades não europeias – busca colocar precisamente em relevo a importância do Ocidente na história do mundo. De igual maneira, aqui temos um acontecimento-demarcador que também favorece uma historiografia cristã específica, pois o mundo antigo vai cedendo lugar ao mundo medieval à medida que a Igreja Cristã vai se afirmando como força política importante, como aspecto definidor de uma nova civilização e, sobretudo, de uma nova cultura. É interessante observar, aliás, que a Antiguidade e a Idade Média são parceiras no projeto de fornecerem ao Ocidente Moderno e ao Contemporâneo dois de seus principais traços definidores de identidade: os *valores greco-romanos* que futuramente se tornariam uma base para a cultura burguesa, e o *cristianismo*, que se tornaria a religião predominante no Ocidente. Identitariamente, o Ocidente poderia ser apresentado simultaneamente como filho de Aristóteles e filho de Cristo, para falar em termos metafóricos[1].

---

1. Vale lembrar que, em meados do século XX, sob o contexto da emergência de novas forças dominantes na economia e na política internacional (Estados Unidos, Rússia, Japão) e da descolonização na Ásia e África, surgem as primeiras análises pós-colonialistas sobre a história da Roma Antiga de uma perspectiva não mais eurocêntrica. Cf. autores como Badian (1968) e Veyne (1975).

Por outro lado, se o fim do Império Romano – tomado como signo do próprio "fim do mundo antigo" – é habitualmente proposto como evento demarcatório entre os dois períodos, é relevante destacar que entre o desaparecimento do mundo antigo e a emergência da Idade Média existe uma grande zona temporal repleta de ambiguidades, por assim dizer, onde se confrontam intensamente as rupturas e permanências entre estas duas fases da história europeia. Por isso, esse grande período de alguns séculos – que alguns situam entre os séculos IV e VIII, ou mesmo entre os séculos III e VIII – tem sido perspectivado de maneira diferente pelos vários grupos de historiadores, gerando inclusive denominações distintas.

Alguns dos historiadores da Antiguidade chamam-no de "Antiguidade Tardia". Já alguns dos medievalistas preferem-no chamar de "Alta Idade Média" ou de "Primeira Idade Média". Vale dizer que muitos dos medievalistas costumam ver neste período um *começo*, o início de uma nova era, e incorporam-no como seu território historiográfico.

Reconhecendo as permanências trazidas da Antiguidade, que só lentamente se desfazem, centram contudo o principal de suas atenções sobre as rupturas, sobre o que este período traria de singularmente novo para a história.

A posição no campo dos antiquistas é bastante dividida. Uma das dicotomias mais tradicionais – de certo modo já superada pela historiografia recente – é aquela que se estabelece no seio do grupo de historiadores que comparam a civilização greco-romana a um organismo vivo. De um lado teremos aqueles que investem no imaginário de que a civilização greco-romana teria desaparecido abruptamente; de outro, teremos aqueles que investem na ideia de que a civilização greco-romana foi definhando ou decaindo mais ou menos gradualmente. À parte isto, já veremos, seria possível visualizar o Império Romano não como organismo vivo, e sim como algo que a partir de certo momento vai se transformando nas novas realidades civilizacionais que se afirmariam no período medieval – de um lado o Império Bizantino, de outro a civilização ocidental cristã partilhada pelos novos reinos europeus. Por fim, a visualização do Império Romano não como organismo, mas como um outro tipo de sistema complexo, permitiria examinar o seu rápido ou gradual desaparecimento, conforme a perspectiva do analista, como uma "desagregação" das forças que o sustentavam e que lhe davam a sua especificidade.

Do primeiro grupo de análises indicado – aquele que metaforiza o Império Romano como um grande ser vivo – tornou-se célebre e emblemática a frase do historiador Piganiol (1972: 466), que costumava afirmar que "a civilização romana não morreu de morte natural; foi assassinada". A grande crise econômica, política e militar do século III – marcada por intensas guerras civis – para Piganiol teria dado origem a uma nova concepção de poder imperial que se consolidaria no futuro Império Bizantino. A parte ocidental, contudo, não teria resistido aos avanços "bárbaros" – para utilizar esta expressão do próprio historiador – de modo que aqui a explicação da "queda" do Império é direcionada para os fatores externos. Nesta mesma esteira, Arther Ferril (1989) defende a ideia de que o grande marco da queda seria o ano 476 – por ocasião da deposição de Rômulo Augusto, o último imperador romano do Ocidente, por Odoacro – o que teria contribuído decisivamente para destruição do poderio militar romano. Guardemos esta primeira posição: ela nos revela o olhar do corte que vem de fora, da ruptura mais imediata.

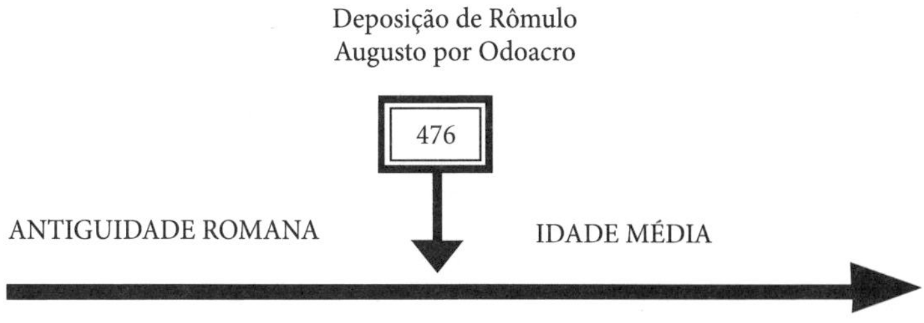

Outras datas importantes para este tipo de leitura da passagem que privilegia os eventos bélicos podem ser buscadas nos momentos emblemáticos em que povos não latinos saqueiam Roma, berço e símbolo máximo do poderio do Império Romano. Neste sentido, o saque de Roma pelos visigodos sob o comando de Alarico, em 410 d.C. – vivido de maneira particularmente traumática pelos habitantes de Roma e de modo mais geral pelos cidadãos do Império nas diversas províncias –, bem como o saque de Roma pelos vândalos em 455 d.C., parecem prenunciar de uma certa ótica este acontecimento aparentemente mais definitivo que é a deposição de Rômulo Augusto por Odoacro, rei dos hérulos, em 476 d.C. Para a imagem, hoje bastante questionada, da "Roma assassinada pelos bárbaros", os saques visigodo e vândalo parecem funcionar como duas facadas iniciais, e de fato pode-se dizer que de algum modo estes acontecimentos contribuíram significativamente para ferir irremediavelmente, no âmbito simbólico, a ideia de uma Roma inexpugnável. Mas daí a situar acontecimentos como estes na centralidade de um processo que por suposto teria conduzido abruptamente ao desaparecimento do mundo romano vai uma distância maior, e, em vista de um posicionamento crítico em relação à centralidade dos acontecimentos militares que teriam promovido todo um fim de uma época, surgiram concomitantemente novas interpretações, conforme veremos mais adiante.

Por ora, vale lembrar ainda que mesmo a leitura do "assassinato do Império Romano" permite-se a examinar este que seria o fatídico momento ou o processo do "assassinato", se assim podemos dizer, de modo bem mais complexo, e neste caso o acontecimento das "invasões bárbaras" pode ser lido não necessariamente como um saque em destaque ou uma invasão específica, mas sim como todo um conjunto de acontecimentos relacionados às invasões ou migrações germânicas. Neste sentido, fariam parte de um mesmo "acontecimento-pacote", entre outros itens, os confrontos que se dão entre povos germânicos e romanos a partir do século III d.C., bem como eventos mais específicos, como o fato de que os godos já tinham aniquilado legiões romanas em Adrianópolis em 378 d.C., os saques visigodo de 410 d.C. e vândalo de 455 d.C., fechando-se o pacote, finalmente, com a deposição de Rômulo Augusto em 476 d.C. Estes, naturalmente, são apenas alguns exemplos, e o "acontecimento-pacote" ao qual nos referimos engloba certamente muito mais eventos, alguns que possivelmente sequer passaram à história registrada, mas que devem ter trazido a sua contribuição atomizada para o resultado geral que em um tempo relativamente curto mudou a face da história do mundo antigo[2].

---

2. Deve-se ressaltar que essa percepção, do impacto dos povos extrarromânicos como um grande processo, é antiga. Nas considerações sobre as causas da grandeza dos romanos, escritas por Montesquieu em 1747, já iremos encontrar a seguinte passagem: "Não foi uma determinada invasão que destruiu o Império, mas todas as invasões. Depois da que foi muito generalizada no Reino de Galo, ele pareceu restabelecer-se, pois não havia perdido terreno. Entretanto, paulatinamente, deslizou da decadência para a queda, até ser subitamente prostrado no reinado de Arcádio e de Honório" (MONTESQUIEU, 2002: 158). É interessante já identificar a presença do contraste entre os conceitos de "decadência" e "queda" em Montesquieu, em um texto que precede a célebre análise de Gibbon algumas décadas depois. Merece destaque também a percepção do processo como sujeito a pequenas idas e vindas, apesar do paulatino caminho para o inevitável colapso.

Uma segunda leitura: declínio do Império Romano

Consideradas as simplificações e complexidades possíveis a esta primeira leitura, consideraremos agora que, em radical oposição à tese de que a civilização romana é destruída pelas invasões ou migrações dos povos germânicos, teremos os historiadores que defendem a ideia do "declínio do Império Romano". Opondo-se à frase de Piganiol de que "o Império Romano foi assassinado", Lot (1985) – um dos defensores da hipótese do declínio – propõe a frase de que "o Império Romano morreu de morte natural"[3]. Aqui, além da ideia do acontecimento que produz o corte ou a ruptura definitiva, teremos a ideia do processo que conduz à "decrepitude" de toda uma civilização. O acontecimento-ruptura é aqui, ainda mais necessariamente, substituído pelo acontecimento-processo.

De qualquer forma, em um caso ou outro, ainda teremos a ideia de algo que "termina", e não de algo que se "transforma". Na análise de Lot, as crises sociais, econômicas e políticas do século III teriam gerado uma nova resposta política assinalada por um estado interventor, corrupto e burocratizado que substitui a antiga autoridade senatorial. A esta crise, da qual o Império Romano jamais teria se recuperado, também se somaria o novo tipo de organização militar onde os povos germânicos incorporados ao Império desempenhariam um papel cada vez mais destacado, por vezes à maneira de mercenários. Estes e outros processos são mostrados como os sintomas

---

3. Além de Lot, outro autor que acompanha esta linha interpretativa é A.H. Jones, com seu livro intitulado *Declínio do Mundo Antigo* (1970).

de um declínio[4]. O que é significativo, de qualquer modo, é que também nesta leitura o Mundo Romano e o Mundo Medieval são mostrados um tanto como planetas estanques: um começa onde o outro já se foi, e são bastante minimizadas as interpenetrações entre estes dois mundos.

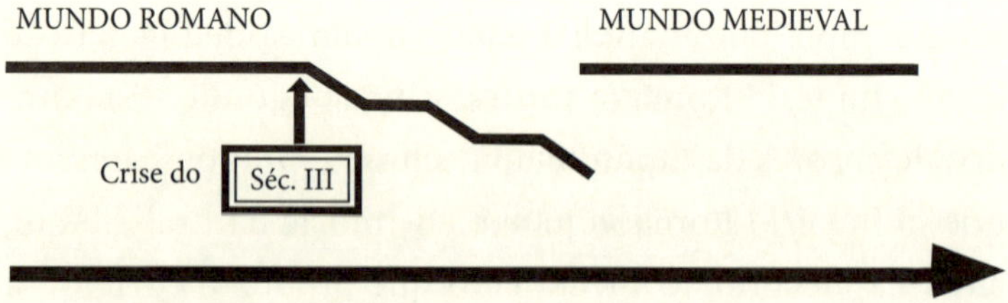

Podemos indagar sobre o que nos revela, acerca das concepções historiográficas que a sustenta, a dicotomia que permeia a ideia de que o Império Romano morre como um grande Ser, ora assassinado, ora definhando como um velho moribundo que ao final de sua vida vê esvair-se gradualmente a sua energia vital enquanto se desbotam os principais traços que lhe compunham a identidade. A ideia de um "acontecimento-ruptura" que teria presidido a morte do Império através da violência dos povos germânicos se adapta, por exemplo, a uma historiografia que tem importantes desenvolvimentos no século XIX, e que anseia delimitar com precisão o "acontecimento", situando-o por vezes em uma

4. Sintetizaremos um conjunto de fatores que podem ser pontuados como desdobramentos importantes da crise do século III: • Empobrecimento da população gerando confrontos sociais. • Desmonetarização e crescimento da economia natural. • Centralização do poder imperial, em detrimento da antiga autoridade senatorial. • Petrificação da sociedade em segmentos bem definidos. • Burocratização e militarização do poder. • Intensificação de exigências fiscais. • Penetrações dos povos "bárbaros". • Desenvolvimento de um novo sentimento religioso. Sobre a crise do século III e seus efeitos, cf. Fernández Urbina (1982).

data bem-definida, e de qualquer modo sempre enfatizando o acontecimento político – "político" no sentido antigo, do macropoder que se estabelece ao nível dos grandes estados, instituições e confrontos militares. Ao mesmo tempo, na outra ponta da dicotomia, a ideia de "queda" ou de "declínio" ampara-se em muitos casos, embora por um caminho distinto, nesta mesma velha história política que se orienta tendo como perspectiva central a ser analisada a capacidade de uma civilização manter ou não uma unidade imperial mais ampla. Perder a unidade política, deste ponto de vista, é morrer, envelhecer, decair em vigor. É aliás oportuno lembrar as considerações do historiador francês Jacques Le Goff sobre as apropriações historiográficas do conceito de "decadência" – um conceito que acrescenta um tom ainda mais depreciativo à ideia de "declínio" – e que também pode eventualmente ser direcionado para questões meramente políticas relacionáveis à desintegração da estrutura política (LE GOFF, 1984: 416).

Vale lembrar que o conceito de "decadência" foi colocado também em pauta pelas próprias gerações de pensadores que vivenciaram e se seguiram à desarticulação do Império Romano em favor das novas unidades políticas e territoriais que introduzem o período medieval. É assim que, em um célebre estudo sobre *O fim do Mundo Antigo* que é também já um clássico, Santo Mazzarino (1916-1987) busca historiar precisamente as trajetórias da ideia de decadência na produção literária e na cultura latina como um todo, reinserindo-a no confronto ideológico entre cristianismo e paganismo que eclode na época e se estende também por períodos posteriores. A ideia de decadência – e essa é uma chave importante para a compreensão do uso do conceito pelos próprios autores da época – implica sempre uma comparação do período que se considera como "decaído" ou "decadente" em relação a um período anterior, necessariamente visto como melhor. Assim, na ideia de decadência está sempre explícita, de algum modo, uma exaltação ao passado. A consideração acerca de qual seria o elemento que produz ou produziu a decadência, obviamente, transmuta-se conforme a perspectiva do analista, que na época dificilmente escaparia de um posicionamento em relação à questão da dicotomia entre paganismo (ou humanismo clássico) e cristianismo.

Neste sentido, vale lembrar que já remonta aos próprios tempos antigos a diversidade de leituras estabelecidas em torno dos marcos históricos que foram pressentidos pelos próprios antigos como sinais do fim de todo um período. Assim, enquanto alguns autores pagãos, particularmente tomados por uma visão pessimista, tenderam a encarar o saque de 410 sob a perspectiva de um acontecimento que sinaliza uma decadência que havia fragilizado o Império e possibilitado o saque de Alarico, já será outra a visão de Paolo Orósio (c. 385- c. 420) – autor da primeira história universal escrita por um cristão e entretecedor de uma avaliação dos acontecimentos históricos onde cada aspecto ou acontecimento é medido em função da sua aproximação ou afastamento em relação ao cristianismo. Para Orósio, o saque visigodo do ano de 410 é positivado simultaneamente como demonstração do "juízo de Deus" e como anúncio de uma nova era que estaria por vir, acrescentando-se ainda a ênfase em uma leitura sobre Alarico como visigodo convertido que desfecha um golpe fatal sobre a Roma pagã (ORÓSIO, 1986)[5]. Este tipo de

5. Para uma análise bibliográfica crítica sobre Orósio, cf. Vilella (2000: 94-121).

leitura divinizante da história, aliás, onde cada acontecimento (seja este um sucesso ou uma catástrofe) fala diretamente de Deus e de uma relação dos atores humanos com Ele, que pode no caso ser punida ou premiada, seria prontamente incorporada na Idade Média.

Os embates em torno da perspectiva da "decadência" do Império Romano já afloram, portanto, na própria época de desarticulação do mesmo. Em vista disso, amparando-se em uma cuidadosa análise historiográfica sobre a apropriação e reapropriações desta noção carregada de sentido valorativo, Santo Mazzarino procura ressaltar os problemas de utilização da noção de "decadência" pela moderna historiografia, e sua recomendação taxativa é a de rejeitar a compreensão da Antiguidade Tardia como um período de decadência.

A polêmica em torno da ideia de decadência aplicada à transição entre os períodos antigo e medieval é, como nos poderiam mostrar outros autores, bastante problemática. Por fim, veremos oportunamente, ao lado das ideias de "declínio", "queda" e "decadência", outros conceitos que têm sido propostos pela historiografia recente, incluindo o de "desagregação", todos com implicações mais específicas para o estudo do último período do Império Romano.

Novos campos historiográficos e novas leituras da passagem

Por ora, consideraremos que os desenvolvimentos modernos da historiografia sobre a passagem da Antiguidade à Idade Média correspondem precisamente à superação desta dicotomia que, apesar de gerada por posições aparentemente inconciliáveis – o assassinato ou a morte natural do Império – trazem como pano de fundo um mesmo posicionamento historiográfico francamente baseado nos acontecimentos políticos em nível institucional. Com o desenvolvimento da historiografia do século XX, o olhar dos historiadores vai como que se desatrelando desta exclusividade em relação à história política de âmbito institucional, e cada vez mais novas dimensões vão sendo colocadas em cena como questões centrais passíveis de serem examinadas. Economia, cultura, mentalidades, imaginário, demografia – a afirmação de novas especialidades da história voltadas para o diálogo com estas dimensões fundamentais permite que um mesmo conjunto de acontecimentos seja beneficiado por diversificadas cronologias que dependerão do problema a ser examinado pelo historiador.

Os estudos de análise histórica de populações, por exemplo – ao instituírem a partir de meados do século XX um novo campo histórico a ser definido como história demográfica –, rechaçam por princípio a antiga maneira historiográfica de apodar de "invasões bárbaras" ao fenômeno do adentramento do Império Romano por povos diversos. Nem "invasões" e nem "bárbaras", aliás, pois duplamente tem sido revista esta antiga maneira de interpretar o movimento de gentes que iria transformar tão completamente a face do Império Romano. De fato, os modernos estudos de história demográfica começaram a levar os historiadores a enxergarem em uma perspectiva mais ampla penetrações e migrações dos povos não latinos – na qual a parte das invasões seria apenas a ponta de um *iceberg* mais significativo a ser considerado. De outro lado, os desenvolvimentos de uma história cultural em perfeito diálogo com a Antropologia tornavam inaceitável a segunda parte da expressão – a que permitia denominar certos povos como "bárbaros".

Da mesma forma, esta mesma história cultural, com sua revolução de novos objetos, permitiu um exame mais pertinente da interação entre as populações latinas e germânicas, ao lado da avaliação de seus confrontos de alteridade. O encontro e o choque de culturas – mais do que o entrechoque de exércitos – podia desempenhar a partir daqui um papel mais central nas análises historiográficas.

Ainda a propósito da reavaliação da questão do impacto dos povos não latinos sobre o Império Romano, será preciso considerar, acompanhando as interpretações historiográficas mais recentes, que os povos não latinos (germânicos, citas) agridem ou adentram o Império de muitas maneiras, e não apenas como invasores que podem ou devem ser analisados de um ponto de vista estritamente militar. Assim, por exemplo, se tomarmos apenas como foco de análise o caso dos godos nos seus dois principais ramos – os ostrogodos e os visigodos – poderemos examinar várias nuances de adentramentos em momentos diversos, e, certamente, um grande leque formado por estas nuances ao longo de todo um processo. Os visigodos já vinham enfrentando militarmente os romanos desde 251 d.C., obtendo algum sucesso, e registram-se no decurso do século III muitas de suas incursões militares a territórios romanos[6]. Mas já no século IV, quando sofrem terríveis derrotas diante de contingentes hunos vindos do leste e que os massacram e empurram para o

6. Registram-se incursões godas nas províncias romanas da península Balcânica, as quais entre os anos de 270 e 275 chegam a impor aos romanos o abandono das terras da Dácia, que passam a ocupar. São precisamente os godos que vivem entre os rios Danúbio e Dniester que passam a receber a denominação de "visigodos". Enquanto isso, os godos pertencentes a um outro ramo, estabelecido na Ucrânia, passariam a serem chamados de "ostrogodos".

Oeste, é na qualidade de uma massa de cerca de 100.000 refugiados visigodos que eles imploram e recebem autorização do imperador romano Valente para atravessarem o Danúbio de modo a viverem dentro dos limites do Império. Ali veremos multidões famintas e amedrontadas que atravessam o Danúbio, mais do que aqueles guerreiros conquistadores que logo ficariam imortalizados na imagem do saque de Roma no ano 410, e é nesta qualidade de uma massa de refugiados que eles são acolhidos em princípios do século IV, sendo notável destacar que passam inclusive a serem explorados pelas autoridades romanas com impostos excessivos e condições de trabalho desfavoráveis. A exploração é tanta, aliás, que já por volta da segunda metade do século IV eles estão a ponto de se rebelarem contra o Império que os acolhera, e é agora um confronto sob esta nova perspectiva – de povos que já estavam vivendo dentro dos limites do Império e sob o jugo das autoridades romanas, e que contra estas se rebelam – que veremos o embate de 378 entre romanos e visigodos, com a vitória destes últimos na célebre e marcante batalha de Adrianópolis, onde integram um exército confederado de povos não latinos que impõe pesada derrota ao exército imperial romano. Na sequência, promoveriam saques de diversas cidades em direção ao Mediterrâneo. Depois disso, com muitas negociações, os visigodos são integrados pelo exército romano – e já em 382 vemo-los estabelecidos pelo Imperador Teodósio I em uma província romana ao norte da Península Balcânica, onde desempenham um significativo papel na defesa daquelas fronteiras do Império até o ano 395. E será já como exército vinculado ao Império que mais tarde, a partir de 401, em novo movimento para o oeste, eles se insurgem, novamente se desvinculando da autoridade Romana, até que os acontecimentos conduzem ao saque visigodo de Roma, sob o comando de Alarico, em 410. A história não se encerra aí, e já em 418 veremos os visigodos se estabelecerem no sul da Gália e na Hispânia, já novamente como federados do Império, a partir de um acordo entre o Imperador Constâncio e o Rei Ataulfo dos visigodos. Mas em 475 assistiremos um novo movimento de independência onde Eurico estabelece um reino visigodo de Tolosa, desvinculado do Império.

A síntese desta complexa trajetória dos visigodos para dentro e por dentro do Império, com encaixes e desencaixes dos povos visigodos em relação ao Império e ao sentimento de pertença em relação à cidadania romana, revela-nos desde o século III sucessivas nuances: a de opositores militares, refugiados, povos assimilados, povos assimilados que se rebelam, contingentes militares integrados ao Império, contingentes integrados ao exército imperial que novamente se insurgem, para retornar então à nuance de opositores militares. Para além disto, deveríamos verificar ainda a nuance sempre presente de populações de visigodos que poderiam ser vistas simplesmente como migrantes, como grandes massas populacionais, que encontram oportunidade de se deslocar para terras romanas em busca de melhores condições. O congelamento de rios como o Reno, em certos invernos como o de 406, pôde oferecer em certos momentos uma ponte natural para populações de povos não latinos que, do outro lado do rio, só poderiam concretizar este deslocamento massivo com o apoio deste providencial fato da natureza.

Por outro lado, ao longo de toda a história do Império Romano, contingentes menores ou maiores de migrações germânicas forçaram as fronteiras do Império como um fato que sempre fora bem administrado.

No conjunto dos migrantes, novas nuances se desenhavam, de salteadores que chegavam e partiam a homens procurando trabalho que se estabeleciam, a guerreiros que conseguiam ser assimilados no próprio exército romano. Percebemos, portanto, as mais distintas nuances acompanhando os deslocamentos visigodos – e de outros povos germânicos de modo geral – para dentro do Império e por dentro do mesmo, o que não permite falar apenas, taxativamente, de "invasões visigodas", ou também de "invasões bárbaras" para os outros casos. A história demográfica, a história social, a história cultural – com seus extraordinários desenvolvimentos historiográficos a partir do século XX – permitiriam, aliás, examinar estes processos migratórios e estes grandes deslocamentos a partir de novas perspectivas, para além da que era antes proporcionada pela história militar.

Interlúdio: algumas leituras sobre a passagem que remonta à sua própria época

Antes de avançarmos em um quadro mais diversificado de perspectivas sobre a passagem, será útil insistir na ideia de que – em que pese o fato de que tenha sido a história política do século XIX o que grosso modo favoreceu certas leituras acerca do papel das "agressões externas" ou do "declínio interno" na "queda" do Império Romano – diversas destas interpretações já vinham sendo colocadas até mesmo na própria época da passagem da Antiguidade para o período Medieval. Tal como foi ressaltado antes, acontecimentos como o saque visigodo de Roma em 410 impactaram de tal maneira os cidadãos do Império que, tão logo ocorreram, começaram a produzir imediatas interpretações. Exemplos significativos são as inquietações expressas em algumas das *Epístolas* de

São Jerônimo, ou na já mencionada *História contra os pagãos* redigida por Paolo Orósio, para além de algumas interpretações cristãs de cunho milenarista que queriam pressentir, nos surpreendentes acontecimentos que assolavam o Império, a proximidade do fim do mundo[7].

Em contrapartida, havia os que enxergavam nas transformações religiosas do Império, consolidando-se na adoção do cristianismo como religião única, a verdadeira origem das calamidades que agora se abatiam sobre a civilização romana, de modo que para salvar esta civilização seria preciso reverter ao paganismo. Por fim, havia os que viam as invasões germânicas e hunas como um brutal e irreversível acontecimento que estava prestes a soterrar inexoravelmente o mundo civilizado.

Diante das diversas avaliações produzidas na própria época sobre o fim do Império Romano como decorrente das invasões de povos não latinos, e também das avaliações sobre o declínio do Império como decorrentes da corrupção dos costumes, ou mesmo diante da consideração de pretensos desdobramentos negativos que se julgava que deveriam ser creditados à adoção do cristianismo como religião oficial do Império, pode-se dizer que estas interpretações produzidas na própria época não deixam de ser precursoras de posições historiográficas que se fortaleceriam depois.

Os saques de Roma e a crise do fim do Império, enfim, ofereceram-se como verdadeira arena para combate intelec-

---

7. Em um artigo extremamente relevante sobre o tema do fim do mundo antigo, Gilvan Ventura da Silva chama atenção para o fato de que "a tendência a se atribuir aos bárbaros" uma maior responsabilidade nos acontecimentos que irão culminar com a desagregação do Império Romano remonta até Comodiano e Ambrósio (séculos III e IV respectivamente)" (SILVA, s.d.).

tual entre defensores do paganismo ou do cristianismo que desejavam culpar o campo oposto pelos eventos mais alarmantes que iam se produzindo no Império. As várias posições possíveis encontraram argutos defensores. Já Montesquieu, em suas *Considerações sobre as causas da grandeza dos romanos* (MONTESQUIEU, 1734), ilustrava esta pequena arena de ideias que se organizara na própria época dos acontecimentos mais traumáticos do último Império Romano mencionando exemplos das três posições clássicas: Orósio, Salviano e Agostinho. Assim, enquanto Orósio busca situar-se em uma posição relativizadora no debate entre cristianismo e paganismo, escrevendo uma *história* para provar que em todos os tempos existiram desgraças tão grandes quanto aquelas de que se queixavam os pagãos (mas já induzindo a ideia de que a medida da ocorrência das desgraças é o afastamento em relação a Deus e, em última instância, em relação ao cristianismo), já Salviano comporia uma obra – intitulada *Do governo do mundo* – para sustentar a ideia de que os desregramentos dos cristãos é que haviam atraído as invasões bárbaras (MONTESQUIEU, 2002: 158).

A posição de Santo Agostinho (2000) foi bem singular. Interessado em livrar o cristianismo de qualquer acusação ou responsabilidade pela queda do Império – já que à sua época autores pagãos insinuavam ou argumentavam bastante abertamente em torno da ideia de que a sujeição de Roma por povos pagãos revelava claros sinais de que o Império estaria sendo punido pelos deuses por sua adoção do cristianismo – ocupa-se em trabalhar com a ideia de um "declínio" que teria sido provocado precisamente pela corrupção dos costumes pagãos, que de acordo com sua argumentação já viria de tempos anteriores. A concretização maior desta argumentação – a par de uma extensa tentativa de demolir a filosofia não cristã e todas as críticas ao cristianismo – foi a obra intitulada *Cidade de Deus* (2000), e nela a tese de um declínio da civilização romana herdada dos tempos do paganismo encontra um grande resguardo[8].

As duas posições, exemplificadas à própria época pelo contraste entre Salviano e Santo Agostinho, seriam retomadas constantemente em épocas posteriores – a do "abate externo" (com ou sem a punição de Deus ou dos deuses) ou a do "declínio interno" – e a interpretação de Maquiavel pode ser evocada como um exemplo de análise que novamente coloca os ataques "bárbaros" na centralidade do processo. Gibbon, por outro lado, já escrevendo em 1776 (GIBBON, 1989), reformula a seu modo a ideia de um declínio interno, e sugere em certas passagens que o "abuso do cristianismo" teria exercido um papel considerável no declínio do Império, embora procure formular também a hipótese de que o declínio de Roma teria sido consequência natural e inevitável de sua desmedida grandeza[9].

---

8. *Cidade de Deus (De civitate Dei contra paganos)* foi escrita entre 413 e 426 em 22 livros, e sua elaboração foi essencialmente motivada como uma resposta às agressivas críticas que vinham sendo veiculadas pelos habitantes pagãos de Roma à adoção do cristianismo como culto único permitido no Império, conforme o edito de Teodósio I em 391. Com a pilhagem de Roma por Alarico em 410, estava a ponto de eclodir uma revolta entre os romanos não cristãos, para os quais aquilo que eles consideravam como uma "invasão bárbara" seria uma resposta dos deuses pagãos ao abandono de seu culto pelo povo romano, e é neste contexto histórico que Santo Agostinho busca retratar a *Cidade de Deus* como uma cidade eterna e imortal que todo cristão deveria buscar para a eterna morada, em franca contraposição à cidade terrestre, transitória e sujeita às ambições humanas. Para sustentar sua defesa do cristianismo e a concomitante crítica do paganismo como fonte de corrupção e decadência dos costumes, Agostinho empreende uma longa e sistemática análise das teorias pagãs e platônicas.

9. Um pouco anterior à obra de Gibbon, mas tocando em alguns pontos comuns, são as já mencionadas *Considérations sur les causes de la grandeur des romains et leur décadence*, escritas por Montesquieu em 1734.

Novos campos e novas leituras contemporâneas: economia e sociedade

Conforme vimos até aqui, as posições de que os fins do Império Romano estão relacionados ora às agressões e penetrações dos povos não latinos, ora a fatores internos – que podiam ir desde aspectos sociais a religiosos – foram recorrentes em um longo período que principia à própria época dos acontecimentos mais marcantes que anunciaram a queda ou o declínio do Império Romano. Essas posições, de lado a lado, atingem os séculos XIX e XX com a célebre querela sobre o "assassinato" ou a "morte natural" do Império Romano. Mas logo abririam espaço para outras proposições, mais tendentes a enxergar a transformação de um período em outro, do que o fim taxativo de um grande período da história. Estas novas proposições, naturalmente, são beneficiadas precisamente pela multiplicação de novos campos históricos, para além da história política tradicional.

A emergência de campos históricos enfatizando a economia e as relações sociais, por exemplo, abre um certo conjunto de possibilidades e de novas leituras possíveis, inclusive permitindo novas periodizações.

Uma história econômica ou social do Império Romano, por exemplo, impõe cada qual o seu conjunto de recortes que em nada coincidirá com o conjunto produzido pela história política do tipo que era tradicionalmente realizado no século XIX. Seja no âmbito dos historiadores marxistas do século XX, seja no âmbito dos historiadores que são influenciados pela abordagem econômica e social da primeira fase dos *Annales*, surgem aqui novos modelos narrativos e analíticos que geram as suas próprias periodizações.

Apenas para citar o âmbito das análises marxistas, outros serão os acontecimentos processuais que deverão ajudar a compreender a passagem da Antiguidade à Idade Média. Surgem aqui novas possibilidades, considerando as duas definições da história propostas por Marx – de um lado a de que a história é a "história da transformação dos modos de produção", e, de outro, a ideia de que a mesma é a "história da luta de classes". Para o caso do estudo da passagem da civilização romana para as civilizações medievais, impõe-se de um lado o acontecimento processual da superação do modo de produção escravista em um Império que nos seus limites já não consegue conservar a acumulação de mão de obra escrava; de outro lado, destacam-se as crises sociais do século III como acontecimentos fundamentais. Conforme a análise marxista em questão centre sua atenção mais na ultrapassagem do "modo de produção" ou na "luta de classes", tem-se a possibilidade de matizes diferenciados dentro da análise da passagem da Antiguidade Romana à Medievalidade Ocidental, segundo a abordagem oferecida pelos princípios do materialismo histórico. Apenas para citar dois exemplos, indicaremos as análises propostas por Staerman (1976) e por Andersen (2000).

Seria possível citar também como exemplo de análise que traria a primeiro plano a economia em sua relação com a sociedade a avaliação de Max Weber sobre a passagem da Antiguidade à Idade Média (WEBER, 1976). Também considerando importantes as transformações no regime de trabalho e exploração econômica – e avaliando tanto o colapso do sistema escravista como a perspectiva da emergência de uma economia natural – Weber concede uma atenção especial à passagem de uma civilização essencialmente urbanizada para uma civilização que vai se ruralizando nos seus aspectos essenciais. Esta consideração de que o traço essencial da Antiguidade Clássica é a combinação de escravismo e urbanização leva Weber a examinar atentamente o desaparecimento gradual do comércio local e de longa distância, já desde fins do século II.

É também uma explicação e uma periodização atenta aos movimentos comerciais a que nos apresenta o medievalista belga Henri Pirenne (s.d.). Desenvolvendo uma tese que posteriormente desencadeou muitas críticas, Pirenne destaca como acontecimento mais relevante no decurso de estabelecimento da Idade Média um processo aparentemente político, mas que na verdade tem a sua importância precisamente em virtude dos efeitos econômicos que desencadeia. O grande divisor de águas, para o historiador belga, é o acontecimento da expansão islâmica no século VIII, precisamente porque, segundo a sua análise, o domínio islâmico do Mediterrâneo Ocidental não apenas quebrará uma unidade mediterrânica que teria caracterizado a Europa até o século VIII, como porque ao fazer isso se rompem os caminhos comerciais que sustentavam até então a vida material do Ocidente Europeu, forçando o deslocamento do eixo político-geográfico da nascente civilização do Ocidente Medieval para o centro da Europa. Carlos Magno – representando o mundo carolíngio – surge na sua análise como o inevitável contraponto histórico de Maomé – signo da expansão islâmica.

Novas leituras: cultura, psicologia, mentalidade, vida cotidiana

Se o diálogo mais intenso com a economia permitiu o desenvolvimento de novas análises e organizações cronológicas da passagem da Antiguidade Romana à Medievalidade

Europeia, o século XX também trouxe uma atenção especial a questões direcionadas para a percepção da psicologia do homem, o estudo das mentalidades, o exame da vida cotidiana. O mesmo movimento de expansão que permitiria que se afirmasse uma psico-história, uma história das mentalidades, uma história do cotidiano, e tantos novos domínios – também permitiu que novas dimensões fossem priorizadas pelos historiadores deste período que permeia a passagem da Antiguidade à Idade Média.

Em parte, a multiplicação de novos pontos de vista sobre a passagem é produto tanto de uma diversificação temática, mais atenta às diversas dimensões da vida humana e social, como de novas alternativas de fontes e novos concursos interdisciplinares. Tanto a leitura das continuidades como das rupturas envolvidas na passagem do mundo antigo à medievalidade adquirem outras cores com a diversificação de novas possibilidades de fontes. É assim que a ideia de "queda" é mais uma vez retomada por Brian-Ward Perkins, um arqueólogo que recria através de diversificadas fontes da cultura material um contundente quadro da dura e violenta realidade cotidiana dos que vivenciaram a passagem do mundo antigo para os novos tempos (WARD PERKINS, 2005). Ao enfatizar a ruptura, a obra se confronta, pode-se dizer que corajosamente, com os setores historiográficos que enfatizam as continuidades e que, mesmo em alguns casos, minimizam os aspectos que remetem às violências envolvidas no processo de adaptação das populações do Império Romano ao domínio germânico. Rigorosamente falando, podem ser percebidos reflexos das discussões contemporâneas em torno da unidade europeia no confronto da obra de Brain-Ward Perkins contra todo um amplo setor de estudos contemporâneos que enfatizam os aspectos multiculturalistas, adaptativos e mesmo pacíficos desta movimentação de populações que rompe as fronteiras do Império. A ênfase nas continuidades, minimizando as violências do processo, viria obviamente ao encontro da posição da União Europeia nos dias de hoje (discurso em favor de uma unidade e identidade europeias, sem depreciar circuitos culturais relacionados à ancestralidade das diversas realidades nacionais europeias). Mas esta é certamente uma discussão que nos levaria muito longe.

De todo modo, o fato é que, com a emergência de uma atenção historiográfica voltada para as mais diversas dimensões da vida humana, permite-se cada vez mais que sejam vistos como períodos dotados de suas próprias singularidades tanto o período do Baixo Império Romano – examinado não mais como um período de decadência – como o período que se situa entre a extinção política do Império Romano do Ocidente e a expansão islâmica no século VIII. As contribuições são inúmeras, e vão desde as leituras atentas às práticas culturais elaboradas por André Chastagnol – um autor que, além de uma leitura mais totalizante como a desenvolvida em *O Senado Romano à Época Imperial* (CHASTAGNOL, 1992), procurou examinar questões culturais mais específicas como a das festas imperiais (CHASTAGNOL, 1984: 91-107; 1987: 491-507) – até as análises atentas às representações culturais e às práticas discursivas desenvolvidas por Averil Cameron, conforme seus estudos sobre *A Cristandade e a retórica do império* (CAMERON, 1992)[10]. Do mesmo modo, a atenção à complexidade dos fenômenos culturais, às prá-

10. Cameron elaborou também uma obra mais generalizante sobre o período: *The Later Roman Empire*, 1993.

ticas e representações, aos discursos e sua recepção tem encontrado contribuições fundamentais nos diversos autores preocupados em trazer para primeiro plano uma história cultural da última fase do Império Romano, e este é também o caso de Ramsay MacMullen, que examina desde os movimentos mais gerais relacionados à cristianização do Império (MacMULLEN, 1984)[11] até aspectos mais específicos como a utilização das dimensões lúdica e simbólica pelos imperadores romanos no seu relacionamento com a plebe urbana (MacMULLEN, 1992), a oposição contrastiva entre o soldado romano e o civil (MacMULLEN, 1963), ou a recepção discursiva do texto religioso (MacMULLEN, 1989). Mas vamos nos ater a uma obra que também já se tornou um clássico em termo de reflexão e redefinição de temporalidades com relação à última fase histórica da Antiguidade Romana.

Atentando para uma importante questão associada à psicologia social, o historiador irlandês Peter Brown constrói sua explicação para o *fim do mundo antigo* (BROWN, 1971) – destacando neste caso o período do Baixo Império entre os séculos III e IV – a partir de uma análise que ressalta enfaticamente, como acontecimentos mais relevantes, a "cristianização do Ocidente" e a transformação político-militar a partir dos exércitos romanos das províncias (240 d.C.). Para o primeiro fator – um aspecto ligado a transformações psicológicas presentes na sociedade – Brown destaca o pronunciamento no homem comum da necessidade de um deus intimista. Esta mesma necessidade, que ampara na sociedade mais ampla a cristianização do mundo antigo, daria origem

---

11. O texto, além de uma visão mais ampla sobre a cristianização do Império, é igualmente rico no que se refere ao exame das relações complexas entre pagãos e cristãos.

também ao monacato, que posteriormente viria a se desenvolver como uma importante alternativa característica da religiosidade medieval[12].

Sugerindo uma periodização diferenciada, Henri Marrou (1980) propõe-se a examinar o período que envolve a passagem da Antiguidade à Medievalidade considerando questões também ligadas à psicologia e à cultura, mostrando-se particularmente atento aos desenvolvimentos estéticos como sinais importantes para a compreensão das singularidades de um período no qual – além das transformações – as permanências não devem ser esquecidas como importantes elos que conduzem a história. A sua organização cronológica delineia um período entre os séculos III e VI, para o qual a fusão da cultura pagã com os valores cristãos adquire um destaque particularmente significativo, ao lado da afirmação de novas concepções religiosas e estéticas. Ao mesmo tempo, ao encaminhar uma análise que considera as inovações, mas também está atenta para as permanências, Marrou é um historiador importante no que se refere à utilização de um novo

---

12. Ainda considerando a produção historiográfica de Peter Brown, é oportuno lembrar que a discussão sobre a passagem prossegue neste autor por novas obras. Depois de *The world of late antiquity: AD 150-750* (1989), irá discutir questões mais transversais envolvidas pelo mesmo contexto histórico, como *Power and persuasion in late antiquity: towards a Christian empire* (1992), uma obra que se insere perfeitamente no intercurso da história cultural com uma nova história política, e que se dedica a discutir os mecanismos de imposição e circulação do poder para além da autoridade institucional. Na mesma linha de reflexão, simultaneamente cultural e política, virá uma de suas mais recentes obras: *Poverty and leadership in the later Roman Empire* (2002). Por outro lado, a preocupação mais específica com o cristianismo aparece em *Authority and the sacred: aspects of the Christianisation of the Roman world* (1995) e em *The rise of Western Christendom: triumph and diversity, 200-1000 A.D.* (1996). Por fim, em 2000 irá escrever sua biografia sobre *Santo Agostinho* (2007), sendo oportuno notar que Santo Agostinho é um personagem histórico bem característico da zona de transição entre a Antiguidade e a Medievalidade.

conceito na periodização da história da civilização ocidental: o de "Antiguidade Tardia" – conceito na verdade proveniente da historiografia alemã das décadas de 1910 e 1920, mas que é aqui retomado com especial expressividade[13].

Outros autores reinvestiriam neste conceito, permitindo-se variar os limites inicial e final deste período que passaria a ser reivindicado como território historiográfico tanto pelos historiadores da Antiguidade como pelos historiadores da Idade Média.

As ideias de nomear este período limítrofe como "Antiguidade Tardia" ou "Idade Média Primitiva" caminham juntas, ambas com direito a legitimidade no universo das possibilidades historiográficas. Conforme se olhe para o período com vistas à compreensão dos desenvolvimentos terminais da Antiguidade, ou com vistas à compreensão dos novos processos que mais tarde se consolidariam como tipicamente medievais, teríamos uma possibilidade ou outra. O "período limítrofe", aqui considerado, pode se apresentar como "disputa de território" entre historiadores da Antiguidade e da Idade Média, mas também pode se apresentar como espaço de diálogo, como lugar onde antiquistas e medievalistas se encontram para intercambiar suas ideias e experiências.

De todo modo, a tendência da historiografia a partir do século XX, conforme se vê, foi a de permitir múltiplas leituras do fenômeno da passagem da Antiguidade à Medievalidade – aliás considerando criticamente os limites espaciais e historiográficos destas expressões. De qualquer modo,

---

13. Conforme ressalta P. Martin, este conceito procede do vocábulo alemão *Spätantike*. Para uma discussão sobre esta questão e sobre o conceito de "Antiguidade Tardia", cf. Martin (1976).

a multiplicação de leituras deste período limítrofe entre o que se convencionou chamar de duas eras bem diferenciadas mostra-se interferida por uma profusão de novas perspectivas que, na historiografia contemporânea, introduzem uma miríade de novos campos históricos, como a história social, a história econômica, a história cultural, a história das mentalidades, a história demográfica, bem como novas abordagens definidas por campos históricos que vão da história serial à micro-história. Esse enriquecimento de novas perspectivas, aliado à ideia de que a história desenvolve-se através de uma polifonia de temporalidades, tem permitido aos historiadores contemporâneos perceberem cada vez mais claramente que não podem existir periodizações fixas e inflexíveis, já que os diversos problemas a serem examinados é que definem cada qual a sua periodização.

Novas leituras: história e complexidade

Vale ainda lembrar que – no contexto dos cada vez mais estreitos diálogos interdisciplinares que se vão desenvolvendo na historiografia contemporânea – aportes diversos no âmbito teórico também têm permitido reequacionar a passagem da Antiguidade à Medievalidade como fenômeno extremamente complexo. A ideia de que teria ocorrido uma ruína ou desagregação do Império Romano em todos os seus níveis de organização, e não apenas no âmbito político, com a consequente reorganização de elementos para a constituição de um novo sistema, tem sido proposta também por historiadores que buscam amparar suas análises na teoria da complexidade. Aborda-se, aqui, a possibilidade de considerar o Império Romano como um "sistema adaptativo complexo", que entra em crise quando seus diversos componentes estruturais já não respondem com precisão e na mesma proporção ao princípio agregador do sistema[14]. A ideia de "desagregação" confronta-se aqui aos conceitos ou ideias mais antigas como "declínio", "queda", "decadência". Sobre a operacionalização da teoria dos sistemas complexos adaptativos ao colapso romano, pode-se citar, ao nível da historiografia brasileira, a excelente obra de Norma Musco Mendes que examina o sistema político do Império Romano do Ocidente sob a perspectiva de um modelo de colapso (MENDES, 2002). O modelo teórico dos "sistemas adaptativos complexos" tem sido empregado mais recentemente como uma nova possibilidade de análise, e vale a pena refletir sobre o mesmo.

Um sistema adaptativo complexo deve ser entendido como um sistema formado por um grande número de subsistemas, elementos, agentes individuais, além de estar sujeito a inúmeras linhas de força, notando-se que o sistema converge para um certo padrão de comportamento (um *atractor*)[15]. A noção de "sistema adaptativo complexo", nestes casos, tem levado os historiadores a dialogarem com um antigo conceito já bem conhecido e operacionalizado pela historiografia moderna – o de "sistema" –, mas mais particularmente com a ideia atual de um sistema que vai se formando naturalmente, por ajustamentos entre seus vários elementos,

---

14. Sobre a possibilidade de examinar o Império Romano em sua fase terminal como sistema complexo que se desagrega, cf. Garcia (2006). Para um posicionamento conceitual acerca da Teoria da Complexidade, cf. Stacey (1996).

15. Para exemplificar, podemos considerar uma revoada de pássaros como um sistema adaptativo complexo no qual, de modo a não se chocarem uns com os outros nos seus voos individuais, o conjunto de pássaros termina por constituir uma formação ordenada.

progredindo em sua tendência a auto-organizar-se, favorecendo a agregação de elementos já existentes e a invenção de outros, adaptando-os a uma dinâmica própria e constituindo-os como um conjunto equilibrado, até o momento em que tudo começa a se desagregar novamente.

A auto-organização permite que a ordem possa emergir do caos, ao qual se voltará posteriormente. Conforme esta perspectiva, boa parte dos sistemas tende a se constituir de forma complexa para, posteriormente, se desintegrarem, de modo que a aplicação deste campo nocional à compreensao dos últimos períodos da história da Antiguidade Romana permitiria evocar aqui a noção de "desagregação", mais do que as de "declínio", "queda" ou "decadência". A desagregação do Império Romano do Ocidente – uma vez que no Oriente Bizantino a experiência imperial seguiria mais adiante com novos elementos e com novos padrões de interação e relacionamento entre estes elementos – corresponderia à desestruturação de um certo padrão (complexo) de comportamento que pode ser identificado como característico do sistema de civilização típico do Império Romano. Esse padrão de comportamento específico e particular para o qual converge cada um dos mais diversos sistemas, e que é certamente singular para cada um destes mesmos sistemas, corresponde àquilo que alguns teóricos da complexidade chamam de *atractor* (STACEY, 1996: 54), uma espécie de "ordem" que se apresenta como dimensão de convergência do sistema e lhe assegura o funcionamento de uma determinada maneira, e, se for o caso, um crescimento equilibrado.

No caso do sistema sócio-político-econômico-cultural que aqui estaremos chamando simplificadamente de Império Romano, diversos elementos teriam concorrido para a manutenção da ordem e o funcionamento do sistema, integrando os diversos subsistemas e elementos em uma ordem maior, em equilíbrio dinâmico que atinge a sua expressão máxima no período da *pax romana*, simbolicamente o momento em que o poder do Império é inconteste, ou que assim se coloca para aqueles que o vivenciam dentro e fora dos limites do mesmo.

O exército, naturalmente, desempenhava um papel fundamental na manutenção da ordem, no fortalecimento dos mecanismos de identidade, na salvaguarda dos limites político-geográficos do Império, na construção de unidade política com a qual todos os cidadãos romanos podiam se identificar e nela se verem incluídos. Outros elementos mais diversos, da divisão de trabalho ao sistema de educação, compunham o sistema, de maneira integrada. A história da última fase do Império Romano, de acordo com uma perspectiva amparada na complexidade, é a história desta "desagregação", não necessariamente sob o signo de "decadência" ou "declínio" – embora estas noções não sejam necessariamente incompatíveis com possíveis interpretações que trabalhem com a noção de "sistema adaptativo complexo" –, mas em todo o caso a história de uma rearrumação, de uma desestruturação da ordem que envolve diversos fatores.

É bastante interessante notar que um dos sintomas da desagregação, em um sistema complexo deste tipo, está precisamente na necessidade de se estabelecer vários controles sobre os diversos elementos e subsistemas que, na situação de equilíbrio natural, tenderiam a se articular e a interagir sem a necessidade de excessivas medidas de força, para além dos limites habituais assumidos pelas medidas de força nos momentos de equilíbrio.

Em uma palavra, em um sistema como o do Império Romano, um sintoma relevante do período de desagregação está precisamente na afirmação da necessidade de várias medidas extraordinárias de força, de modo a impor uma coesão que não estava ocorrendo mais entre diversos elementos que deveriam estar articulados para assegurar a unidade do Império. Historicamente, o século III representa um momento emblemático em que a desorganização começa a se fazer notar nos âmbitos econômico, político e militar, evocando a necessidade de medidas de força para tentar assegurar uma coesão que começava a ser ameaçada por distúrbios diversos, em um nível de ocorrência para além do que há muito já fazia parte do previsível no sistema político-social vigente. Afora os conflitos sociais diversos, bem como os distúrbios ocasionados pela crise do escravismo, o crescente confronto entre o poder do imperador e o senado constitui parte dos sinais e desdobramentos da desorganização do sistema. A partilha do poder imperial, prenunciando a divisão do Império em duas unidades políticas onde o título imperial passará a ser hereditário, constituirá outro desdobramento, acompanhado pelo crescente poder absoluto dos imperadores – signo maior das medidas de forças autoritárias e controladoras que precisam ser agora impostas em favor da coesão do sistema.

A quebra da unidade do exército através de um decreto imperial no século IV, criando divisões por províncias e territórios de atuação, segue-se como desdobramento da tentativa de resguardar o poder do imperador diante de um poder muito forte concentrado em um exército unificado, mas ao mesmo tempo a medida em médio prazo incorpora-se aos fenômenos de desagregação e de formação de estruturas autônomas.

Da mesma forma, a criação e imposição de castas profissionais no fim do século IV nada mais indica do que a necessidade de fazer frente a tendências de desorganização no âmbito econômico.

A antiga ordem imperial, enfim, apesar de todas as medidas de força que tentam impor a coesão, vai cedendo à inevitável desestruturação, a uma desagregação dos elementos que, antes coesos, conformavam a ordem do sistema. Contra tudo isto, o cristianismo, organizado em Igreja e gerando os seus próprios padrões de espacialização política, começa a constituir um sistema paralelo que agrega em dioceses o espaço sociorreligioso propondo uma nova organização administrativa, ora superposta ora desencaixada em relação à administração imperial.

Decisivamente, a ideia de universalidade que antes residia no Império vai se deslocando para a Cristandade consolidada institucionalmente na Igreja, e este confronto entre dois projetos universais – na vida política ou imaginária – breve se estenderá pelos séculos posteriores como uma longa reminiscência do jogo de encaixes e desencaixes entre os dois sistemas.

Mas o novo mundo medieval, efetivamente, tenderá a se organizar em torno da Igreja Cristã, o que já representa um novo sistema em construção.

A avaliação da passagem da Antiguidade à Idade Média de acordo com a perspectiva da desagregação de um sistema adaptativo complexo, enfim, impõe uma nova forma de visualidade para este período de transição que precede o mundo medieval – uma espécie de granulação, onde é difícil dizer onde termina um mundo e se inicia o outro, seria uma imagem adequada para se descrever este território pleno de ambiguidades, de desconstruções e reconstruções, de desagregação e reorganização de antigos elementos a par de novos elementos que, imperceptivelmente, parecem se ajustar de novas maneiras para a formação de um novo sistema de civilização. Estamos aqui em um território difícil de ser racionalizado, onde os fatos políticos, por mais emblemáticos e impactantes que tenham sido para seus contemporâneos e para os historiadores que posteriormente os examinaram, devem ser vistos sobretudo como sintomas de transformações que se iam operando nesta complexa passagem de um mundo a outro. Sobre esta vasta rede de transformações uma nova ordem emergia do caos.

Acerca da perspectiva acima elaborada sobre uma leitura da questão militar romana de acordo com o padrão teórico trazido pela teoria do caos, pode-se acrescentar que inúmeros outros aspectos devem ser considerados, e que a simplificação proposta não pode ser vista senão como um exercício de perspectiva. Questão fundamental para a compreensão do exército romano, certamente, reside no jogo entre identidade e alteridade presente em sua formação, certamente desvelador de todo um complexo sistema de tensões, negociações, alianças, estranhamentos e identificações culturais, para apenas citar alguns aspectos. Importante registrar ainda que a historiografia brasileira sobre a história antiga já possui obras importantes e relevantes sobre a questão, entre as quais podemos citar autores como Mendes (2002), Silva (s.d.) e Frighetto (2004: 147-163)[16].

Vale lembrar, ainda, que um tratamento historiográfico da passagem do mundo antigo ao mundo medieval que se ampare

16. Destacamos ainda a obra Mendes e Silva (2006).

em uma perspectiva mais complexa, menos linear e simplificadora, deve considerar a não homogeneidade do mundo romano. De um lado, é preciso considerar que, se nos últimos séculos do Império Romano o centro do sistema estava em crise, isso não se aplica necessariamente a regiões mais periféricas e menos ligadas ao centro administrativo imperial.

Reconhecer isto é admitir que o impacto dos abalos políticos no centro do Império teria afetado de modo muito diferenciado cada uma de suas partes, de suas diversificadas regiões.

De outro lado, outro aspecto de complexidade a considerar é que a sociedade romana não pode tampouco ser vista como um conjunto homogêneo. Foram certamente sentidos de modos diferenciados no tecido social romano eventos como os cercos a Roma e o saque visigodo, ou os deslocamentos de povos germânicos para o interior de zonas mais centrais do Império. Esse aspecto também tem sido abordado por historiadores.

Buscando demonstrar como os chamados invasores "bárbaros" foram recebidos com expectativas diferenciadas por diferentes setores sociais, o historiador Geoffrey Ernest Maurice Sainte-Croix trabalha com esta perspectiva em sua obra *A luta de classes no mundo da Grécia Antiga*. Seu objetivo é demonstrar, através de exemplos vários, que alguns setores das classes "inferiores" do Império receberam os invasores com expectativas bastante positivas. Neste sentido, evoca os dados de que um total de 40.000 escravos teriam aderido em massa aos godos no inverno em que estes sitiaram Roma, preparando o saque que seria desfechado por Alarico em 410 (SAINTE-CROIX, 2007)[17].

---

17. A outra obra mais conhecida de Sainte-Croix, também buscando aplicar a perspectiva do materialismo histórico aos estudos da Antiguidade, foi *The Origins of the Peloponnesian War*, 1972.

Esta adesão das classes inferiores aos invasores não romanos pode ser explicada pelo fato de que as chamadas "invasões bárbaras" se desdobraram na tendência de uma diminuição da intensa exploração que os grandes latifundiários vinham impondo às classes dominadas da sociedade romana, além do fato de que a penetração germânica trouxe uma maior tolerância religiosa ao mundo romano. Aspectos como estes permitem compreender que os chamados invasores bárbaros possam ter sido recebidos de modo positivo por boa parte da sociedade do antigo Império Romano. Deste modo, para Sainte Croix, em virtude da intensa e desmedida exploração das classes dominadas que foram implementadas pelas elites romanas, estas últimas é que poderiam ser consideradas as verdadeiras saqueadoras e destruidoras da civilização clássica. Esta análise, vale destacar, apoia-se na perspectiva de instrumentalizar o conceito de "luta de classes" para as sociedades antigas, e de acordo com elas a adesão das classes inferiores aos povos germânicos constituiria mais um lance no jogo de tensões sociais.

As análises mais complexas da queda, decadência ou transformação do Império Romano – conforme o ponto de vista – comportam, portanto, diversificadas possibilidades.

Conclusão

A partir do contraste entre os posicionamentos historiográficos citados neste ensaio, buscou-se colocar em discussão a complexidade que se relaciona aos vários aspectos que costumam ser apontados como traços importantes para este período que permeia a transição do mundo antigo para o mundo medieval. De um lado, devemos considerar que a maneira pela qual olhamos para um período histórico – como um começo ou um fim – já contribui de antemão para trazer uma determinada caracterização ao período imaginado. Isto de fato tornou possível considerar esta zona que se interpõe entre o fim do Império Romano e o Período Medieval como um fim ou como um começo. E, dependendo de uma posição ou outra, permite falar-se em uma "antiguidade tardia", em "declínio do mundo romano", em uma "alta Idade Média", ou em uma "primeira Idade Média".

Em segundo lugar, como se viu, há sempre a questão da escolha dos limites que definiriam historiograficamente um período ou outro.

Entre os acontecimentos processuais e pontuais escolhidos, os diversos recortes para a análise de um problema específico tornam-se possíveis.

Do acontecimento-processo que se organiza em torno do esgotamento do modelo escravista, desde o século II até as crises sociais que impõem um novo arranjo político no século III, ou até os marcos mais emblemáticos das invasões germânicas, mas também considerando este outro acontecimento-processo que seria a gradual penetração e fusão dos povos germânicos com as populações romanas, as possibilidades de recortar um início para o período limítrofe se sucedem. Da mesma forma, entre os séculos VI e VIII, este marcado pela impactante expansão islâmica, ou até mesmo o século XI para questões mais específicas como a da educação e da religiosidade, aqui se apresentam as variadas possibilidades de *fins* para um período que ora é chamado de Antiguidade Tardia, ora de Alta Idade Média, ora de Primeira Idade Média.

Por fim, pode-se investir também na complexidade granulada que, à parte os sintomas mais evidentes que se expressam sob a forma de eventos pontuais, dificulta periodizações mais definidas.

Eis aqui um mundo de possibilidades, extraordinariamente enriquecido pela profusão de campos históricos que beneficiou a historiografia contemporânea de modo a que os historiadores pudessem examinar não apenas a política como a cultura, a economia, as mentalidades, a demografia, a cultura material, o imaginário – fora uma enorme variedade de novos domínios temáticos abertos aos historiadores e de novos aportes teóricos que têm se colocado à sua disposição.

▪ Referências

AGOSTINHO (2000). *Cidade de Deus*. Lisboa: Calouste Gulbenkian.

ANDERSEN, P. (2000). *Passagens da Antiguidade ao feudalismo*. São Paulo: Brasiliense.

BADIAN, E. (1968). *Roman Imperialism in the Late Republic*. Oxford: Oxford University Press.

BROWN, P. (1971). *O fim do mundo antigo*. Lisboa: Verbo.

CAMERON, A. (1993). *The Later Roman Empire*. Londres: Fontana.

______ (1992). *Christianity and the Rhetoric of Empire*. Berkeley: University of California Press.

CHASTAGNOL, A. (1992). *Le Senat Romain a l'Epoque Imperiale*. Paris: Belles Lettres.

______ (1987). "Aspects concrets et cadre topographique des Fêtes Décennales des empereurs à Rome". *L'Urbs*: espace urbain et histoire. Roma: École Française de Rome.

______ (1984). "Les Fêtes Décennales de Septime-Sévère". *Bulletin de la Société Nationale des Antiquaires de France*, 7, p. 91-107. Paris.

FERNÁNDEZ URBINA, J. (1982). *La crisis del siglo III y el fin del mundo antiguo*. Madri: Akal.

FERRIL, A. (1989). *A queda do Império Romano*. Rio de Janeiro: Zahar.

FRIGHETTO, R. (2004). "Da Antiguidade Clássica a Idade Media: a ideia da *humanitas* na Antiguidade Tardia Ocidental". *Revista Temas Medievales*, 12, jan.-dez., p. 147-163. Buenos Aires: Sociedad Argentina de Estúdios Medievales.

GARCIA, G.G. (2006). "A desintegração da República Romana como ordem na desordem". *Revista da FAE*, vol. 4, n. 2.

GIBBON, E. (1989). *Declínio e queda do Império Romano*. São Paulo: Companhia das Letras.

JONES, A.H.M. (1970). *Déclin du monde antique*. Paris: Sirey.

LE GOFF, J. (1984). "Decadência e progresso/reação". In: ROMANO, R. (org.). *Enciclopédia Einaudi*: memória/história. Lisboa: Imprensa Nacional/Casa da Moeda, p. 416.

LOT, F. (1985). *Fim do mundo antigo e início da Idade Média*. Lisboa: Ed. 70.

MacMULLEN, R. (1992). *Enemies of the Roman Order*. Londres: Routledge.

______ (1989). "The Preacher's Audience (AD 350-400)". *Journal of Theological Studies*, n. 40.

______ (1984). *Christianizing the Roman Empire.* New Haven: Yale University Press.

______ (1963). *Soldier and Civilian in the Later Roman Empire.* Cambridge: Harvard University Press.

MARROU, H. (1980). *Decadência romana ou Antiguidade Tardia?* Madri: Rialp.

MARTIN, P. (1976). "Qu'est ce que l'Antiquité Tardive"? – Réflexions sur un problème de périodisation". In: CHEVALLIER, R. (org.). *Aiôn* – Le temps chez les romains. Paris: Picard.

MENDES, N.M. (2002). *Sistema político do Império Romano do Ocidente*: um modelo de colapso. Rio de Janeiro: DP&A.

MENDES, N.M. & SILVA, G.V. (2006). *Repensando o Império Romano*: perspectiva socioeconômica, política e cultural. Vitória: Edufes.

MONTESQUIEU (1734). *Considérations sur les causes de la grandeur des romains et leur décadence* [s.n.t.] [*Considerações sobre as causas da grandeza dos romanos.* Rio de Janeiro: Contraponto, 2002].

ORÓSIO, P. (1986). *História contra os pagãos.* Braga: [s.e.].

PIGANIOL, A. (1972). *L'Empire chretien.* Paris: Hier.

PIRENNE, H. (s.d.). *Maomé e Carlos Magno.* Lisboa: Dom Quixote [orig.: 1935-1937].

SAINTE-CROIX, G.E.M. (2007). *The Class Struggle in the Ancient Greek World*: From the Archaic Age to the Arab Conquests. [s.l.]: Cornell University Press, 2007 [Oxford: Duckworth, 1982].

______ (1972). *The Origins of the Peloponnesian War*. Oxford: Duckworth.

SILVA, G.V. (s.d.). "O fim do mundo antigo: uma discussão historiográfica". *Revista Mirabilia* [Disponível em http://www.revistamirabilia.com / Numeros/Num1/ofim.html].

STACEY, R.D. (1996). *Complexity and Creativity in Organizations*. São Francisco: Berrett-Koehler, 1996.

STAERMAN, E.M. (1976). "La caída de régimen esclavista". In: ARCINIEGA, A.M.P. *La transición del esclavismo al feudalismo*. Madri: Akal.

VEYNE, P. (1975). "Y-a-t-il eu un imperialisme romain?" *Mélange de l'École Française de Rome Antiquité*, 87, p. 793-855.

VILELLA, J. (2000). "Biografia crítica de Orósio". *Jahrbuch fur Antike und Christentum*, 43, p. 94-121.

WARD PERKINS, B. (2005). *A queda de Roma e o fim da civilização*. Lisboa: Aletheia.

WEBER, M. (1976). "As causas sociais do declínio da cultura antiga". In: ARCINIEGA, A.M.P. *La transición del esclavismo al feudalismo*. Madri: Akal.

2

Heresias na Idade Média: considerações sobre as fontes e discussão historiográfica*

1. Proposições iniciais

Heresias, na sua origem, eram divergências que se estabeleceram no próprio seio do cristianismo por oposição a um pensamento eclesiástico que tivera sucesso em se fazer considerar "ortodoxo". A palavra "ortodoxia", neste caso, estará em referência à ideia de um "caminho reto" associado a um pensamento fundador original, no caso do cristianismo a um pretenso pensamento que derivaria do Cristo e de seus apóstolos, bem como dos textos bíblicos naquelas de suas interpretações que se queriam considerar as únicas corretas. Desde já, será preciso pontuar que, seja no âmbito das heresias do mundo antigo e da Alta Idade Média, ainda marcadas por serem essencialmente divergências de nível teológico, seja no âmbito das heresias que surgem na Idade Média Central e posteriormente na Baixa Idade Média, estas últimas por vezes já prenunciando a Reforma Protestante do século XVI, a verdade é que em todos estes casos "hereges" e

---

* Originalmente publicado na *Revista Arquipélago* [Revista da Universidade de Açores, Portugal), 2007-2008, p. 125-162 e na *Revista Brasileira de História das Religiões*, ano II, n. 6, fev./2010.

"ortodoxos" – conforme sejam chamados de acordo com o jogo dos poderes de nomear – sempre acreditaram tanto uns como outros serem os verdadeiros defensores da verdade da fé. Ou, para falar nos termos propostos por Duby na conferência de encerramento do congresso de historiadores sobre "Heresias e Sociedades" realizado em Rougement, em 1968, a questão é que "todo herético tornou-se tal por decisão das autoridades ortodoxas. Ele é antes de tudo um herético aos olhos dos outros" (DUBY, 1990: 177). O reconhecimento deste ponto, conforme veremos, deve constituir um primeiro cuidado para o estudo das heresias como fenômeno histórico e social.

Dentro desta perspectiva, para considerar de início a história mais remota das heresias, vale lembrar que a partir do final do século II as heresias começam a ser catalogadas por aqueles que conseguiram fazer prevalecer seus posicionamentos nestes séculos iniciais de formação da Igreja Cristã – tanto na sua vertente oriental como ocidental. No século V, já teremos um texto importante de Santo Agostinho denominado *De heresibus*, que a certa altura lista nada mais nada menos que 88 heresias, transmitindo esta listagem para períodos mais avançados da Idade Média.

Do mesmo modo, Santo Isidoro enumera nas *Etimologias*, escritas no século VII, 70 heresias. Isto nos dá uma ideia do gesto de arbitrariedade que de algum modo pauta a intenção de classificar pensamentos heréticos que se desviam da "ortodoxia", isto é, do pensamento que pretensamente descenderia em linha reta do pensamento de Cristo ou dos primeiros Padres da Igreja conforme as autoridades eclesiásticas dominantes.

À parte estas origens, deve-se ter em vista que o significado da palavra "heresia" foi adquirindo novos matizes com os desenvolvimentos medievais. *Háiresis*, em grego, significava "escolha", "partido tomado", mas também o "ato de pegar". Para os teólogos, uma metáfora se produzia aqui em alusão ao gesto de Adão e Eva que, segundo o Antigo Testamento, estenderam a mão para "pegar" o fruto proibido e com isso inauguraram um "pensamento discordante" em relação a Deus. Heresia corresponderia então, para os primeiros Padres da Igreja e seus dignitários posteriores, a esta visão particular e discordante. Assim, de uma palavra que no grego original poderia significar a "acentuação de um aspecto particular da verdade", passava-se no cristianismo primitivo a um sentido em que "heresia" se apresentava como negação da verdade original e aceita, ou como pregação de um evangelho diferente daquele que era divulgado pelas verdades apostólicas (FRANGIOTTI, 1995: 6).

Nesta mesma direção, para Inácio de Antioquia, morto em Roma no início do século II – e também para Ireneu de Lyon (130-202), cuja principal obra foi um tratado *Contra as heresias* –, a palavra "heresia" refere-se aos "falsos profetas, falsos mestres que introduzem no seio da comunidade doutrinas danosas, dúbias ou que não se compaginam com a doutrina dos apóstolos" (INÁCIO DE ANTIOQUIA, *Ad Trallianos* 6,1; IRINEU DE LYON, *Adv. Haer*, III, 12, 11-13). O herético é, portanto, não apenas aquele que está no erro, mas também aquele que induz ao erro.

Isidoro de Sevilha – escrevendo em um mundo no qual o cristianismo busca se afirmar simultaneamente contra o inimigo externo, o paganismo, e o inimigo interno, o herege – distingue claramente a ideia de heresia do posicionamento pagão ao afirmar, em *Etimologias*, que o herético é não apenas aquele que se encontra no erro, mas que nele se obstina. Ou seja, o herético é o desviante que conhece a fé cristã, e fala de seu interior – e não o pagão que ainda não foi cristianizado – e que, uma vez alertado ou desautorizado pela Igreja em seu desvio em relação à verdadeira fé, insiste no erro. De todo modo, se na Antiguidade e na Alta Idade Média a heresia era um pensamento religioso que se desviava do pensamento reto, mas que em última instância fora produzido no seio do próprio pensamento cristão, enquanto o pagão era aquele que não fora cristianizado e acreditava em deuses diversos, é interessante observar que já os inquisidores da Baixa Idade Média, e também os do período moderno, chamam de hereges não apenas àqueles que criaram ou praticaram formas não aceitas de cristianismo – como os "cátaros" –, mas também as "bruxas", pessoas acusadas de praticar o *sabbat* ou de incorrer em práticas pagãs. Nestes tempos de radicalismo no tratamento da questão religiosa, conforme veremos, haverá uma espécie de aproximação na forma como seriam tratados cristãos desviantes e certos tipos de praticantes do paganismo que estivessem ocultos na comunidade cristã.

Na verdade, depois de um período em que se destacou com alguma evidência por ocasião do Império Carolíngio, ainda com um significado relacionado ao "desvio do pensamento teológico correto", e depois de um período em que não ocupou mais uma centralidade no pensamento religioso, a noção de "heresia" tendeu a se referir em meados do século XII principalmente a um desvio ou rompimento em relação à Igreja enquanto instituição concretamente estabelecida, ao seu projeto universal, à sua legitimidade como único guia da religiosidade na Cristandade Ocidental. Por exemplo, algumas das mais combatidas heresias deste período foram aquelas que romperam com a Igreja relativamente aos sacramentos e ao reconhecimento do direito que teriam os padres e frades para ministrá-los, isto é, seu papel como intermediários de Deus. Numa Igreja que se empenhava em uma reforma institucional na qual deveriam ocupar uma posição fundamental os *sacramentos*, estes que asseguravam inclusive rendas importantíssimas para a instituição da Igreja, questionar os sacramentos e a autoridade dos padres, como fariam os cátaros, passaria a ser a típica posição herética a ser mais violentamente combatida. De "desvio do pensamento religioso", heresia tendia nestes casos a significar o "desvio de uma prática religiosa", e isto explica a similar repulsa que a Igreja tradicional logo revelaria tanto em relação às rejeições heréticas das práticas eclesiásticas tradicionais, como em relação às práticas pagãs derivadas de permanências de outras formas de religiosidade que não o cristianismo.

Vale lembrar também que neste mesmo período a posição oficial da Igreja considerou um segundo grupo de heresias, para além daquelas que se referiam a dissidências doutrinais geradoras de novas práticas religiosas. Como nos mostra o decreto *Ad abolendam*, promulgado em 1184 pelo Papa Lúcio III (1181-1185), tornou-se passível de ser igualmente caracterizada como heresia a emergente motivação de grupos de leigos que agora tinham como proposta exercer a "pregação não autorizada", como foi o caso de diversos grupos de valdenses, e também dos *humiliati*.

A implicação deste aspecto é similar à das heresias que rejeitavam os sacramentos e autoridade dos padres. Assumir a função de "pregador" fora do âmbito da estrutura eclesiástica autorizada pela Santa Sé era questionar também o papel dos padres e monges como os únicos e necessários intermediários na relação com Deus. Burchard de Ursperg – cônego premonstratense que escreveu entre 1210 e 1216 –, ao questionar as atividades pregadoras dos *humiliati*, acusa-os de agir sem autorização e chega a utilizar a imagem de que eles "metiam a foice em seara alheia" (BOLTON, 1992: 72).

Podemos perceber aqui como mudara a conceituação de "heresia" desde a Antiguidade, deixando de se referir a desvios relacionados a sutis questões teológicas, para passar a abarcar simultaneamente tanto aqueles casos das dissidências doutrinárias que geravam novas práticas e representações religiosas – entre os quais os cátaros representavam o modelo mais explosivo – como os casos de pregação proibida ou não autorizada, a exemplo do modelo valdense. É possível aqui acompanhar a percepção do historiador italiano Raoul Manselli, que distingue a partir da documentação do século XII dois filões de heresias bem diferenciados (1963: 118-149). Um deles investe na convergência radicalmente observada entre a palavra evangélica pronunciada e a ação que procura concretizá-la no mundo, e neste sentido aparecem as críticas violentas à decadência da Igreja. Para eles, a prática de uma vida apostólica baseada na imitação de Cristo já conferiria o direito de pregar o Evangelho, de modo que aqui surgiram os primeiros conflitos relacionados com as "pregações não autorizadas".

O outro filão herético seria aquele que realmente questionava os fundamentos dogmáticos do cristianismo, tal como a Igreja oficial os entendia, e muitas vezes expressaram novas formas de compreensão da religiosidade que, tal como foi dito, logo conduziram a novas práticas religiosas que rejeitavam os sacramentos impostos pela Igreja. Estariam mais próximos do antigo sentido de heresia com a diferença de que eram na verdade muito mais radicais nas suas proposições, que não se limitavam a pequenas questões teológicas como ocorrera com as heresias da Antiguidade e da Alta Idade Média. Estas eram, portanto, as duas vias heréticas que se apresentavam à Cristandade por volta da passagem do século XII ao XIII. Embora bem diferenciados, seria talvez possível identificar entre estes dois filões um traço em comum: a recusa da ideia de que seriam necessários para a salvação da alma a Igreja visível e o quadro oficial de sacerdotes da instituição eclesiástica.

A chegada de Inocêncio III (1160-1216) ao papado, em 1198, também recoloca a questão herética em nível mais complexo. Embora este papa tenha sido o principal estimulador da Cruzada anticátara, por outro lado logo teve sensibilidade para a necessidade de se fazer uma *distinctio* entre grupos que fossem realmente incompatíveis com o projeto de alargamento da unidade cristã e grupos que poderiam ser reabsorvidos ou incorporados na estrutura da Igreja. Inocêncio III foi talvez o primeiro a perceber muito claramente a diferença entre os dois filões heréticos – um que trazia incontornáveis rupturas ao nível da doutrina, e outro que, via de regra, correspondia meramente a problemas disciplinares de leigos que desejavam viver uma radical vida apostólica e pregar por conta própria.

Neste sentido, Inocêncio III buscou mostrar-se aberto a receber pessoalmente grupos que quisessem lhe apresentar uma *proposita* da vida que pretendiam levar acompanhada de suas declarações de ortodoxia.

Dependendo da análise de cada caso, poderia conceder a estes grupos permissão para pregarem e viverem no estilo de *vita apostolica* que almejavam, ou mesmo integrá-los à estrutura eclesiástica, como logo ocorreria com as ordens menores. Em outros casos, ao contrário, as autorizações para pregar poderiam ser negadas, e a insistência neste sentido poderia reclassificar os grupos como heréticos, como foi o caso de certos grupos de valdenses que não se teve sucesso em reabsorver no projeto de alargamento da unidade eclesiástica.

É bem interessante notar que, no contexto político-religioso que em breve se seguiria, logo seriam aproximadas por um fundo de repressão em comum – já sob a égide de uma Inquisição que passa a ser confiada no ano de 1233 aos monges dominicanos – tanto as heresias como as persistências pagãs, particularmente aquelas que poderiam ser compreendidas como práticas de feitiçaria. Um bom sinal disto é o fato de que o Papa Alexandre IV (1254-1261) confia aos inquisidores, além dos casos de heresia, "os casos de sortilégios e divinações com cheiro de heresia". De igual maneira, a *Summa do Ofício da Inquisição*, elaborada por Bento de Marselha em 1270, já consagra um capítulo inteiro à "forma e maneira de interrogar os áugures e idólatras" (SCHMITT, 2002). Por aqui já percebemos que a heresia, fenômeno interno ao universo cristão, já se vê aproximada nas proximidades da Baixa Idade Média, enquanto objeto de repressão a ser considerado pelos inquisidores, às práticas pagãs. Essa tendência, que em períodos posteriores se afirmará cada vez mais em favor da classificação dos perseguidos como bruxos ou feiticeiras, foi abordada pelo historiador Brian Lavack através do que ele chamou de "conceito cumulativo de feitiçaria" (LAVACK, 1991). É interessante notar, aliás, que o desenvolvimento nos séculos XIV e XV de toda uma série de "manuais de inquisição", que vão da *Prática da Inquisição* de Bernardo Guy em

1324 até os "tratados demonológicos" do século XV, conduz a que se fale finalmente da feitiçaria como a "pior das heresias", tal como propõe Nicolau Jacquier em seu *Flagellum haereticorum fascinariorum* datado de 1458, ou ainda que se fale que "a Igreja confrontou-se com a heresia das feiticeiras", conforme pontuam Jacobus Sprenger e Henrique Institor no seu *Maleus Maleficarum* (*O martelo das feiticeiras*), publicado em 1486.

A palavra "heresia", como se vê, tem sua história e seus matizes internos, suas apropriações e intertextualidades, seus diálogos com outras expressões. Recolocar a questão da necessidade de "observar o herético no processo histórico" é uma das recomendações de Duby em uma famosa conferência sobre *Heresias e Sociedades na Europa Pré-Industrial, séculos XI-XVIII* (1968), na qual o historiador francês registra precisamente algumas considerações metodológicas fundamentais.

Situados estes âmbitos iniciais, passaremos em seguida a uma reflexão sobre alguns posicionamentos historiográficos importantes.

2 Algumas discussões historiográficas

As heresias têm atraído a atenção de historiadores e estudiosos ligados a outros campos de conhecimento há bastante tempo.

Poderíamos remontar ao século XVII para encontrar obras específicas no seio da antiga história religiosa, como a *História das controvérsias e das matérias eclesiásticas no século XII*, escritas por Louis Ellies Du-Pin em 1696. No século XIX também aparecem obras monumentais, despontando nas últimas décadas um interesse especial pelo aspecto mais específico da instituição inquisitorial, como é o caso da clássica *História da Inquisição na Idade Média*, publicada em 1888 por Henri Charles Lea em três volumes. Mas é com os desenvolvimentos da historiografia do século XX – com novas modalidades historiográficas que surgem através do enriquecimento de interdisciplinaridades várias – que se multiplicam as possibilidades de se estudar as heresias medievais dentro do âmbito de diversificadas dimensões e abordagens historiográficas como a história cultural, a nova história política, a história das mentalidades, a micro-história, para não falar da história social. Sobretudo, as heresias não serão mais apenas estudadas no domínio da história da Igreja, mas também no domínio da história da religiosidade. Ou seja, não mais apenas o estudo das heresias no seio de uma "história da Igreja" enquanto instituição – como as obras de Jean Guiraud sobre as heresias cátaras e valdenses dentro de uma perspectiva da perseguição inquisitorial (1935) – ou mesmo de uma história da religião enquanto sistema de crenças e pensamentos, mas também o estudo das heresias no interior de uma história da religiosidade que considerasse os modos de sentir, as práticas e representações, o imaginário, e a relação de todos estes aspectos com a vida social, os poderes e micropoderes, a cultura em sentido mais amplo.

Surgem então obras mais afinadas com os novos tempos, como o *Estudo sobre a heresia no século XII*, publicado por Raoul Manselli em 1953, e tantas outras voltadas para aspectos mais específicos. À parte isto, segue o estudo da inquisição enquanto instituição repressiva, mas já a abordando como discurso a ser decifrado, ou como uma história a ser desmistificada, para este caso sendo útil lembrar obras recentes como a de Jacqueline Martin-Bagnaudez, intitulada *Inquisição, mitos e realidades* (1992), e a de Molinier, sobre a *Inquisição no Midi Francês entre os séculos XIII e XIV* (1880).

Em que pese todo este grande conjunto de outras obras importantes sobre o assunto no decurso de todo o último século, não é possível pontuar adequadamente os progressos na discussão historiográfica sobre as heresias sem mencionar um grande colóquio temático que se tornou um grande marco para o estudo dos desenvolvimentos heréticos e das concomitantes repressões a estes movimentos nos vários períodos históricos, sem mencionar a riquíssima discussão teórica e metodológica que recolocou simultaneamente a discussão dos principais conceitos envolvidos e as possibilidades de tratamentos historiográficos a partir das diversas abordagens adequadas e disponíveis.

Referimo-nos ao *Colloque de Royaumont*, realizado em maio de 1962, que teve como temáticas de aprofundamento as *Heresias e sociedades*. Os textos apresentados neste colóquio internacional por historiadores de várias temporalidades e enfoques historiográficos, bem como os debates que se seguiam à apresentação destes textos, mereceram em 1968 a concretização em livro, com apresentação de Jacques Le Goff, com o título *Hérésies et Sociétés* (1968). Ali veremos as mais diversas discussões teóricas e apresentações de pesquisas específicas, contando com a participação de autores que vão de historiadores dos mais diversos matizes como Philippe Wolff ou Geremek a antropólogos, sociólogos e filósofos que atuam em interdisciplinaridade com a história, como Michel Foucault.

Apenas para pontuar alguns textos que podem mostrar a amplitude e diversidade assegurada pelo colóquio, mencionaremos a discussão inicial de M.D. Chenu, intitulada *Ortodoxia e heresia – o ponto de vista dos teólogos* (*Hérésies et Sociétés*: 9-18), a brilhante conferência de Michel Foucault sobre "Desvios religiosos e saber médico" (p. 19-29), o estudo sobre as relações entre "arte e heresia" apresentado por Pierre Francastel (p. 31-50), e a problematização de Borst sobre "A transmissão da heresia na Idade Média" (p. 273-277). Neste último caso, desenvolvem-se indagações relativas a certas questões fundamentais: "como o heresiarca chega à sua escolha?", "reagindo a que leituras?", "contra que colegas?" (DUBY, 1994: 179). E, mais ainda, como se difunde a doutrina herética? A partir de que veículos de transmissão? Através de que geografia, e conformando-se a que lugares de dispersão? Ou, por fim, o que se produz aqui em termos de variados modos de recepção? De particular interesse para os estudos da heresia na Idade Média são os estudos mais específicos, como a conferência de Philippe Wolff sobre "Cidades e campos sob a heresia dos cátaros", e, acima de tudo, a grande conferência de fechamento do congresso produzida por Georges Duby com o título "Heresias e sociedades na Europa pré-industrial, séculos XI-XVIII", depois publicada na coletânea *Idade Média – Idade dos Homens* (1988).

Para a questão que já começamos por abordar no presente artigo será oportuno destacar a observação de Chenu, na discussão inicial do colóquio, de que a heresia resulta menos de um fato psicológico individual do que de um fato sociológico coletivo que coloca as heresias como a reações de grupos sociais específicos a uma nova situação social. Nos debates que se seguem a esta discussão inicial, Morghen pergunta ao expositor e aos demais debatedores se seria possível falar de heresia a não ser diante da existência de uma comunidade herética ou se, ao contrário, seria possível abordar a heresia do ponto de vista de uma nova tomada da consciência religiosa que se desenvolve a partir da reflexão e escolha individual. Estas duas posições são basilares: a heresia como fenômeno social – envolvendo grupos sociais e inter-relações entre grupos sociais – e a heresia como fenômeno que se dá em resposta a algo novo, a uma nova situação social ou política, por exemplo. Guardemos este duplo posicionamento teórico, que mais adiante será fundamental para a clarificação de casos concretos.

Quanto a obras que buscam estabelecer uma visão de conjunto dos movimentos heréticos, estas também têm assegurado um lugar importante tanto na historiografia mais recuada como na historiografia mais recente.

Citaremos como marco importante o trabalho de Malcolm Lambert sobre as *Heresias medievais* em um período que vai da Reforma Gregoriana à Reforma Protestante dos tempos modernos (LAMBERT, 1992). Com relação aos estudos específicos, poderemos citar uma variedade de estudos importantes relacionados àquela que foi a heresia que mais impacto produziu no imaginário e na vida religiosa no Ocidente Medieval.

Referimo-nos à *Heresia Cátara*, estudada em detalhe por autores como o mesmo Malcolm Lambert (1998), que acrescenta a contribuição de examinar mais atentamente o catarismo na Itália e o *revival* de Autier, e as contribuições de diversos outros autores que incluem trabalhos que já são clássicos sobre o assunto, como é o caso da obra *Os cátaros* de René Nelli (1981) ou dos dois volumes intitulados *O catarismo*, de autoria de Jean Duvernoy (1972, 1976). Por fim, obras mais recentes como o livro de Michael Costen *Os cátaros e a cruzada albigense* revelam a renovação constante de um assunto que não cessa de inspirar aos historiadores novas problematizações. Estes itens são apenas exemplificativos, já que existem também obras importantes sobre os valdenses e outros movimentos heréticos da Idade Média (CAMERON, 1980). Neste particular, aliás, é imprescindível a referência aos estudos de Gabriel Audisio sobre a heresia valdense (1999), inclusive no que concerne às possibilidades de relacionar esta heresia a outros acontecimentos na história do grande processo de afirmação da diversidade cristã em oposição à homogeneidade que tenta ser imposta pelo projeto do papado[1]. Um exame da historiografia recente, da qual só pudemos registrar algumas breves indicações, vem mostrar que houve um sensível afluxo de novas problemáticas, aportes teóricos e metodologias através do já mencionado fenômeno mais amplo de enriquecimento da historiografia por meio das inúmeras modalidades que passaram a partilhar o saber historiográfico a partir das últimas décadas do século XX, entre elas a história cultural, a história das mentalidades, a nova história política, a micro-história, e tantas

---

1. Nessa obra, um ponto alto está nos capítulos intermediários (III e IV), que se movimentam por meio de uma interessante e inovadora análise psicossocial em torno do movimento dos valdenses, na qual se deixam bastante claras as diferenças entre doutrina e sensibilidade religiosa, uma questão fundamental para o enriquecimento dos estudos enquadráveis como uma História da Religiosidade. Além disso, a obra também discute de maneira sistemática os problemas, limites e aberturas oferecidas pelas fontes primárias relacionadas ao estudo dos valdenses (p. ex., no início do capítulo III). Particularmente interessante é a análise, já nos primeiros capítulos, em torno dos deslocamentos do movimento valdense original – em um primeiro momento urbano e concentrado em Lyons – para um movimento mais rural e disperso, chegando-se no século XV a uma expansão geográfica mais significativa (cap. IV). Vale destacar ainda a análise de Gabriel Audisio sobre as ligações do movimento valdense já no período moderno, com o protestantismo que emerge no século XVI, buscando examinar semelhanças e diferenças no que se refere às suas práticas e crenças (cap. VIII e IX).

outras. Estudam-se de um lado as heresias através de novas perspectivas historiográficas, e de outro lado questões transversais como a "circularidade cultural" através de heresias ou de processos inquisitoriais movidos contra homens acusados de heresia, como foi o caso do famoso livro de Carlo Ginzburg intitulado *O queijo e os vermes* (1989). As heresias, conforme se vê, mostram-se como objeto a ser examinado em estudos de caso mais sistemáticos, mas também como caminhos para a compreensão de questões mais amplas.

Guardemos também este ponto, pois ele será extremamente útil para a questão das heresias medievais. De um lado existe um interesse historiográfico pelas heresias em si mesmas – já que elas constituíram um dos fenômenos mais importantes tanto da Idade Média Central como da Baixa Idade Média, para não falar do período carolíngio, quando se tinha mais o caso das heresias de fundo teológico e também a questão do confronto da expansão franca com povos que haviam assumido vertentes do cristianismo que foram consideradas heréticas pelas igrejas bizantinas.

De outro lado, e é este o ponto que queremos frisar antes de prosseguirmos, o estudo das heresias tem-se mostrado aos historiadores como caminho para a compreensão de outras questões, como a afirmação institucional e política da Igreja, o embate entre os poderes temporal e espiritual, os mecanismos de transmissão cultural através da oralidade, as motivações sociais e econômicas que operam por trás do surgimento de novas formas de religiosidade, a difusão da teoria da trifuncionalidade, e tantas outras questões. Passemos a outro ponto fundamental para além da discussão historiográfica, que é a própria disponibilidade documental para os historiadores que se propõem a examinar o assunto.

3 As heresias na Alta Idade Média e suas fontes

As fontes relativas às heresias – enquanto dissidências que ocorrem no interior da própria religiosidade cristã – e as relacionadas aos embates contra o paganismo, que já se referem a padrões de religiosidades exteriores ao cristianismo, apresentam-se na Alta Idade Média relativamente abundantes em dois âmbitos principais – o do governo dos reis carolíngios, e o da Igreja no mesmo período, e, naturalmente, as fontes que se constituem no entrecruzamento das motivações políticas do governo carolíngio com as motivações eclesiásticas ou religiosas. Para dar um exemplo deste último caso, citaremos o tratado *Contra a heresia de Felix*, elaborado por Alcuíno entre 797 e 798 com vistas a combater a heresia adocionista que adquiria projeção na Espanha em 780, através do Bispo Elipândio de Toledo e de um teólogo chamado Félix, que ocupava então o bispado de Urgel. O texto é contemporâneo a algumas obras de Bento de Aniana sobre a mesma questão, e que, portanto, podem ser examinadas comparativamente.

Ressaltaremos aqui, a propósito, uma das características que devem ser levadas em conta pelos historiadores que trabalham com as fontes doutrinárias: o fato de que elas, simultaneamente, inserem-se em uma circunstância histórica definida e em uma rede de intertextualidade que as faz remontar a outras fontes eclesiais. No exemplo citado, isso pode ser visto a partir da inserção no texto de passagens inteiras extraídas dos cânones do Concílio de Éfeso em 431, com o que Alcuíno busca pontuar o debate no interior de uma ampla discussão dogmática. Isso mostra que o diálogo intertextual das fontes dogmáticas dá-se em um âmbito sincrônico – quando buscamos captar o diálogo do tratado de

Alcuíno com as obras de Bento de Aniana, por exemplo – e também em um âmbito diacrônico, quando nos esforçamos por investigar sistematicamente o próprio diálogo estabelecido pelo autor do texto com outras obras anteriores no tempo.

Um último aporte metodológico deve ser considerado. Da mesma forma que os textos ortodoxos dialogam com o gênero e a tradição em que se inserem, acrescentaremos que eles permitem aos historiadores a percepção de que também as heresias dialogam umas com as outras. Estes diálogos também são explicitados em fontes desta natureza, que habitualmente deixam entrever um diálogo entre heresias distintas a partir das questões comuns que as animam e que como tal são percebidas pelos seus contemporâneos. Assim, as heresias voltadas em algum nível para a humanização do Cristo – ou mais tecnicamente, para a Segunda Pessoa da Trindade – permitem entrever como as posições ortodoxas encaravam um caldo comum de novas proposições dogmáticas que fizeram nascer heresias como o arianismo, o adocionismo, ou, antes destes, o nestorianismo. O historiador, enfim, deve estar pronto a enxergar através destas fontes as diversas vozes sociais, políticas e culturais que se fazem escutar no interior destas ricas fontes textuais. Os textos dogmáticos – entre outras fontes literárias – acham-se publicados na série "Scriptores" do *Monumenta germânica histórica* (HANOVER: 1883, vol. I).

Muitos deles também foram publicados no século XIX pelo Abade Migne, em sua *Patrologie Latine* (1844-1855, 218 vols.). Por fim, existe também a famosa compilação de várias fontes organizada por Reinhold Rau, com o título *Quellen zur karolingischen Reichgeschichte* (1960-1968).

Fontes igualmente significativas podem ser apreendidas nos próprios textos do culto que aparece nas várias manifestações singulares de igrejas locais, no interior dos territórios sobre o controle do Reino Franco.

Citaremos como um exemplo significativo o chamado Filioque, que era um pequeno acréscimo que fora acrescentado ao Credo da missa latina pelas liturgias da Espanha Visigótica e da Gália Merovíngia. Este pequeno detalhe, um fragmento de texto que acrescentava ao Credo a expressão *qui ex Patre Filioque procedit* – ou seja, "que procede do Pai e do Filho" – materializava em uma única frase toda uma discussão teológica sobre a procedência do Espírito Santo que tinha motivado o surgimento de heresias como o arianismo e o adocionismo. O Espírito Santo procede só do Pai, ou concomitantemente do Pai e do Filho? Dependendo da resposta, o Filho torna-se menos divino em função disto? Menos humano, e a que nível de humanidade? Será o Filho um homem comum adotado pelo Espírito Santo através do Pai, como propunha o adocionismo? Poder-se-á dizer que o Pai precede o Filho, e que Espírito Santo manifesta-se através deste através do Pai, como propunha o arianismo? Ou, tal como propunha a posição que viria a se tornar ortodoxa, o Pai, o Filho e o Espírito Santo manifestam-se concomitantemente, sem que um preceda o outro? Questões como estas fomentaram o surgimento de heresias. O *Filioque* – pequeno texto acrescentado ao Credo pela liturgia da Gália Merovíngia, e que geraria uma enfática discussão teológica no período carolíngio – não deixa de materializar este fundo comum ao firmar a posição de que "O Espírito Santo procede do Pai e do Filho", e não "do Pai através do Filho", e isto foi tratado pelos autores da época.

Em que possa parecer um detalhe menor para os leitores desavisados de textos e rituais litúrgicos antigos, este mero acréscimo ao texto do Credo gerou uma verdadeira disputa –

a *Querela de Filioque* – que não foi apenas uma questão de dogmas, e sim uma questão política, a partir da qual o próprio Imperador Carlos Magno exerceu mais um episódio de sua projeção imperial contra o papado ao ordenar a elaboração de um tratado que expressa a interferência do poder temporal no âmbito religioso. O texto daí decorrente foi o *Tratado sobre o Espírito Santo*, elaborado por Teodulfo, um dos grandes intelectuais articuladores do chamado "renascimento carolíngio", e que conclui pela necessidade de adoção do *Filioque* como acrescentamento necessário.

Se estão francamente referidos ao desafio de enfrentar as heresias que se dão no próprio interior do cristianismo, por outro lado os textos teológicos também se referem ao paganismo. E não apenas estes. Citaremos em seguida um terceiro tipo de fontes apropriadas para compreender não apenas a oposição entre ortodoxia e heresia, como também o confronto da cristianização contra as resistências pagãs. Consideraremos aqui os textos propriamente políticos e administrativos, dentre os quais as *capitulares* constituem fontes privilegiadas. Dentro da série das *capitulares*, registraremos o exemplo de um dos mais importantes documentos sobre a repressão ao paganismo como parte de um projeto político voltado para concretizar os objetivos de expansão e consolidação do Império Carolíngio. Referimo-nos à capitular *Dos saxões*, promulgada por Carlos Magno em 785 quando finalmente consegue submeter os saxões pela segunda vez, depois de um confronto de sete anos em que um líder saxão chamado Widukind se aproveitara precisamente da combinação das resistências pagãs da população local com os interesses fundiários e políticos da aristocracia da Saxônia. Além de buscar organizar definitivamente a administração da Saxônia – para a qual Carlos Magno resolve indicar elementos da aristocracia saxã de modo a conciliar interesses e evitar novas rebeliões no futuro – o documento é precisamente um marco na repressão política do cristianismo e no apoio à instalação da estrutura eclesial cristã em uma região ainda muito marcada pelas resistências pagãs. Apenas para destacar alguns itens significativos, ressaltaremos que a capitular institui punição de morte contra quem se alimentar de carne na Quaresma ou contra quem violar igrejas e roubar qualquer bem a elas pertencentes, ao mesmo tempo em que impõe severas multas – variáveis de acordo com a posição social do saxão infrator – àqueles que sejam flagrados nas mais simples práticas pagãs, como a de "fazer promessas a uma fonte, a uma árvore ou a um bosque sagrado".

De igual maneira, a mesma capitular impõe pesadas multas àqueles que não batizarem seus filhos até um ano de idade. Os textos das capitulares – desta e de outras igualmente significativas – acham-se publicados na série "Leges" do *Monumenta germânica histórica*, com o título de *Capitularia Regum Francorum* (1883, v. I).

Finalizaremos esta parte com a aplicação de alguns dos questionamentos historiográficos propostos na primeira parte deste texto, de modo a trazê-los para o centro desta discussão: a necessidade de uma problematização da questão da heresia no período considerado.

Conforme a proposição de M.D. Chenu debatida por vários historiadores no *Colloque de Royaumont*, a heresia deve ser adequadamente examinada simultaneamente como fenômeno social, como fenômeno que surge em resposta a algo novo. O exemplo da heresia do arianismo é particularmente eloquente. Surgida ainda na parte oriental do Império, o arianismo aparece precisamente como uma forma de monoteísmo mais facilmente assimilável pelos espíritos pouco inclinados a sutilezas teológicas, para aqui retomar as palavras de Jean Favier em sua obra sobre *Carlos Magno* (2004: 368). É uma questão nova que está sendo enfrentada pelo Padre Ario, quando este formula o posicionamento segundo o qual a natureza do Cristo deriva de uma simples filiação.

Somente o Pai é eterno; o Filho – a Segunda Pessoa da Trindade – dele procede. A ortodoxia replica que "o Filho é consubstancial ao Pai", e o arianismo é condenado em 325 no primeiro Concílio de Niceia. A questão é tratada com tanta importância pelos teólogos que o arianismo, já enquadrado como heresia, é anatemizado em duas outras oportunidades, uma em 325 e outra em 329. Este exemplo deixa entrever a importância da questão herética para a época. Mas, conforme veremos a seguir, ela se torna ainda mais importante para os períodos subsequentes[2].

4 As heresias medievais na Idade Média Central e suas fontes

Com relação às fontes sobre heresias do período conhecido como Idade Média Central, teremos aqui uma significativa documentação que vai dos decretos imperiais às bulas papais, dos cânones e atas de concílios eclesiais aos processos movidos contra hereges, dos tratados anti-heréticos aos textos dos cronistas da época. Mais comuns, como veremos adiante, são as fontes que abordam as heresias negativa-

2. Para uma visão geral sobre as heresias na Alta Idade Média, cf. Wakefield e Evans, 1991.

mente, de modo que o historiador em alguns casos deverá se esforçar por perceber as vozes heréticas através de discursos que as oprimem.

Por outro lado, esta variedade de fontes e testemunhos está distribuída de forma desigual nos conjuntos documentais relativos aos vários períodos históricos. Como bem observou Georges Duby em uma conferência de 1968, há "períodos em que os testemunhos sobre as heresias se multiplicam, e outros, pelo contrário, que são ocos, que são vazios" (1990: 176).

Para o período da Idade Média Central, as fontes começam a aparecer a partir do ano 1000 e tornam-se relativamente abundantes a partir do século XII, quando a Reforma Gregoriana que havia se iniciado em 1049[3], para logo adquirir um forte impulso com Gregório VII, assume novas conotações até chegar ao pontificado de um Inocêncio III que buscará estabelecer um controle efetivo sobre as novas alternativas religiosas que haviam surgido naqueles tempos.

Partindo de um momento mais recuado, poderemos lembrar uma série de crônicas monásticas das quais o exemplo mais significativo são as *Histórias* de Raul Glaber, escritas entre 1031 e 1042. Cinco casos de heresias mostrados nestas fontes permitem que reflitamos sobre a questão da distinção entre as heresias que ainda se apresentam dotadas de uma marca individual relevante e as que se mostram amplamente caracterizadas por se destacarem aos seus próprios contemporâneos como fenômenos coletivos, já nos séculos XII e XIII, para não falar de períodos posteriores que não dizem respeito à temporalidade que estamos examinando.

---

3. O primeiro concílio reformador reúne-se em Reims, em 1049, sob a orientação de Leão IX.

Entre casos de comportamentos heréticos descritos ao nível da individualidade – como o de um letrado que se tornou herético por amor dos poetas pagãos ou como um camponês que quebrou as imagens e a cruz para se tornar um pregador de ideias estranhas – em dois casos já se insinua o comportamento herético como um fenômeno que se estende ou ameaça se estender para o nível coletivo, mas mesmo assim correspondendo a um número bem limitado de indivíduos. Num caso, 14 clérigos de alta hierarquia eclesiástica são acusados e queimados na cidade de Orleans. Noutro, uma comunidade de homens e mulheres mostra-se abrigada em um castelo em Turim, colocando os bens em comum e praticando a castidade, e terminando por serem condenados embora curiosamente não houvesse nada de inquietante em seu comportamento que não fosse uma busca radical da vida apostólica. Estas situações revelam para o período um predomínio da descrição de heresias assumidas individualmente, ou então alguns casos de pequenos grupos interpretados como heréticos, do que também deixam registro outras fontes da mesma época como a *Crônica* de Ademar de Chabannes, escrita em 1031, ou a *Vida* de Gauslin, posta por escrito em torno de 1040.

Antes de passarmos a outras fontes, registraremos que – embora não especificamente interessado nas heresias e sim na questão do pensamento milenarista – algumas das crônicas produzidas em torno do ano 1000 foram examinadas atentamente por Georges Duby em sua obra sobre *O Ano Mil* (1992). Para a questão documental de que tratamos, esta obra é importante não apenas porque apresenta mais um estudo relevante deste grande historiador francês, mas também porque inclui uma significativa coletânea de documentos, ou trechos importantes de documentos, que são comentados e apresentados por Georges Duby.

A ocorrência de comportamentos heréticos individuais descritos pelas crônicas monásticas da primeira metade do século XI não exclui a ocorrência, naturalmente, de heresias coletivas, embora ainda raras. André Vauchez, em sua obra sobre *A espiritualidade na Idade Média Ocidental* (1994), chama atenção para as primeiras heresias coletivas que aparecem no Ocidente em torno do ano 1000 – a das Virtudes (Champagne), de Arras ou de Monforte (Lombardia). Antecipando padrões que seriam vividos com muito mais intensidade nos séculos XII e XIII, estas primeiras heresias grupais já tinham em comum a recusa do mundo e da violência, o desprezo pelo corpo e vida sexual, bem como a rejeição das opulentas estruturas eclesiais com seus sacramentos (VAUCHEZ, 1994: 50). De qualquer modo, como observa Vauchez, tratava-se ainda de grupos pouco importantes, facilmente reduzidos ao silêncio pela repressão da hierarquia eclesiástica. Suas vozes sufocadas, contudo, aqui e ali também deixam entrever os protestos coletivos que brevemente estariam expressos com tanta veemência por algumas das heresias do século XII. Dentre estes casos, ainda isolados, saltam aos olhos os boicotes que os patarinos moveram, na Milão de 1050, contra os ofícios celebrados pelos clérigos "nicolaítas", a quem pretendiam impor o respeito à castidade que consideravam condição fundamental para o estado eclesial (VAUCHEZ, 1994: 46).

Um fato observado pelos historiadores a partir da documentação medieval é uma pequena retração herética na segunda metade do século XI, para depois, no século XII, evidenciar-se uma extraordinária intensificação de movimentos heréticos que já apresentam francamente uma dimensão coletiva, e ainda mais particularmente a partir da Segunda Cruzada em 1150 (CHAUNU, 1993: 207). Christine Thouzelier, que desenvolveu estudos sistemáticos sobre o *catarismo e valdeísmo*, chega a falar, para a segunda metade do século XI, em um "vazio herético" (THOUZELIER, 1966: 12). Já a partir de 1157, através da documentação relativa às medidas coercitivas tomadas pelo Concílio de Reims, torna-se possível seguir as manifestações das primeiras heresias dualistas: em Champagne (1162), em Colônia (1163), em Vézelay e na Borgonha (1167). Ao mesmo tempo, toda uma vasta região que inclui cidades como Toulouse, Foix e Narbonne torna-se campo fértil para o desenvolvimento do catarismo. Estamos aqui, efetivamente, em um novo momento na história dos movimentos heterodoxos do cristianismo.

Com relação aos processos repressivos desencadeados contra as heresias, importante oportunidade se apresenta aos historiadores para uma época da qual não nos chegaram os processos de repressão contra comportamentos heréticos – tal como ocorreria mais tarde com o processo inquisitorial de Jacques Fournier em princípios do século XIV (DUVERNOY, 1977-1978) – é a possibilidade de acesso a processos que foram transcritos pelos próprios cronistas medievais no interior de suas crônicas, tal como ocorre com um cronista milanês do final do século XI que apresenta o caso também narrado por Raul Glaber, só que transcrevendo em parte o interrogatório do heresiarca. O processo transcrito ou incorporado em uma crônica, com eventuais deformações, não é obviamente o próprio processo inquisitorial – que se assim fosse poderia se beneficiar de outros tipos de tratamento pelos historiadores, mais precisos e voltados para o detalhe, à maneira do que propõem os micro-historiadores que examinaram processos inquisitoriais e judiciais. Mas de qualquer modo é mais uma possibilidade que se apresenta ao historiador disposto a enfrentar as lacunas documentais de arquivos.

As crônicas do século XI, como pudemos ver até aqui, pontuavam eventualmente casos de heresia. Mas será no século XII, e sobretudo no século XIII – sob o impacto da violenta repressão da Cruzada Albigense contra a heresia Cátara –, que teremos crônicas onde as heresias não apenas desempenham um papel central, como também passam a ser percebidas pelos seus contemporâneos como fenômenos coletivos instigantes ou preocupantes. Citaremos a *Chronica* de Gillaume Pelhisson, que se refere ao período situado entre 1229 e 1244.

A partir do século XII, entre as fontes disponíveis para historiadores, vão se destacar os próprios documentos da Reforma Gregoriana, bem como a correspondência dos papas e reformadores. Nestas fontes, os padres casados são enquadrados dentro da "heresia nicolaíta", para os leigos que haviam comprado alguma função ou posição eclesiástica com dinheiro é utilizada a designação de "heresia simoníaca", e mesmo as discordâncias políticas poderiam atrair a designação de heresia, como no caso dos eclesiásticos que se colocassem do lado do imperador no confronto entre império e papado. Percebemos ainda aqui, então, certo número de heresias que representam comportamentos individuais, e não práticas coletivas. Aquele que não reconhece as decisões da Sé apostólica deve ser visto como herege.

Despontarão, sobretudo, os casos em que os hereges assim são classificados por se recusarem a praticar ou reconhecer o valor dos sacramentos, tal como ocorre em um caso narrado no *De vita sua* escrito pelo Monge Guiberto de Nogent já no começo do século XII, no qual dois padres e dois leigos são levados ao bispo por não reconhecerem o valor do batismo das crianças e por negarem o sacrifício da Eucaristia.

De 1120 é o tratado de Pedro, o Venerável – abade de Cluny –, onde era alvejada a "heresia" proposta por um tal Pedro de Bruis, por rejeitar os sacramentos do Batismo e Eucaristia além de declarar a inutilidade das igrejas. Por seu turno, São Bernardo, abade de Claraval, na mesma época iniciava sua perseguição contra Abelardo em vista de suas reflexões sobre o texto sagrado. Sobretudo, passou a atacar obstinadamente as pregações antissacerdotais, e já vamos vê-lo em 1145 desfechar rigorosos ataques contra um comportamento herético, já coletivo, que estaria se formando no *Midi* francês. Os já mencionados *cânones do Concílio de Reims*, reunido em 1148 por Eugênio III, serão aqui as fontes privilegiadas.

Com relação aos já mencionados movimentos heréticos dualistas, a primeira utilização da expressão "cátaros" para designar uma heresia aparece em 1163 nos *Sermões contra os cátaros*, do Monge Eckbert von Schönau, referindo-se a alguns heréticos que tinham sido identificados em colônia. Deste momento em diante, as fontes vão registrando mais e mais grupos inteiros de heréticos, e pode-se dizer que o comportamento herético já se tornou efetivamente um fenômeno coletivo de acordo com a percepção dos seus próprios contemporâneos. A leitura historiográfica das fontes que passam a se referir a grupos heréticos deve estar atenta às intertextualidades: os *Sermões contra os cátaros* de Eckbert, por exemplo, transplantam para o seu texto trechos inteiros de Santo Agostinho sobre o maniqueísmo. Ao analisarmos estas fontes, é preciso então considerar tanto as possibilidades de diálogo das heresias ligadas ao catarismo com a antiga heresia maniqueísta, como o hábito de escritores cristãos medievais copiarem autores precedentes, adaptando-os às novas situações.

Sobre as relações entre catarismo e maniqueísmo convém lembrar a tese de Pierre Chaunu de que um como outro – com sua rejeição da procriação – são fenômenos típicos da crise de um mundo superpovoado. Neste caso, o catarismo estaria relacionado com as dificuldades de quatro séculos de crescimento demográfico contínuo, e sua rejeição da vida material pertenceria aos indícios precursores do mundo superpovoado (CHAUNU, 1993: 213).

Novos "cânones contra a heresia", nesta mesma época em que adquire maior visibilidade o movimento cátaro, aparecem nos concílios reunidos pelo Papa Alexandre III: o Concílio de Tours (1163) e o III Concílio de Latrão (1179), constituindo-se base documental importante para revelar o ponto de vista institucional da Igreja a respeito dos novos movimentos religiosos que surgiam, bem como os discursos que saem vitoriosos e as forças que se agrupam em torno do papado. Mas é nas duas últimas décadas do século XII que assistiremos a uma verdadeira explosão de novas formas de religiosidade que os círculos eclesiásticos ligados à Reforma Gregoriana se apressarão em designar como movimentos heréticos. Então, já estaremos plenamente em um mundo onde a heresia passa a ser tratada pelos seus próprios contemporâneos como fenômeno coletivo. Além dos cátaros, adquirem expressão novos grupos que seriam considerados heréticos. Os *valdenses*, por exemplo, constituem um movimento originado por um mercador lionês que manda traduzir o Evangelho e que, por não conseguir obter a autorização da Igreja, resolve pregar assim mesmo. Os *patarinos*, ou "humilhados", correspondem a uma seita de leigos que decidem praticar uma vida apostólica radical. Os *passagini* formam um grupo que é apresentado nos tratados da época como "cristãos judaizantes". Os *arnaldistas* merecem toda a segunda parte de um tratado que principia escrevendo sobre a heresia dos cátaros (ZERNER, 1999: 512). Todos estes grupos denunciam o novo traço daqueles que seriam enquadrados como movimentos heréticos: além de terem atingido uma dimensão coletiva que impressionará os seus contemporâneos, eles questionam diretamente o papel da Igreja de linha papal como única alternativa religiosa ou até mesmo como instituição eclesiástica a ser reconhecida.

Datarão desta época tratados anti-heréticos importantes. Só no sul da Gália, que se estava abrindo como espaço privilegiado para novas formas de religiosidade, registram-se na última década do século XII três tratados importantes, entre eles um tratado de procedência monástica denominado *Contra valdenses e contra arianos*. Muito surpreendente, mas também bastante sintomático, é o *Liber antiheresis* escrito por um Valdense – reavivando a ideia discutida anteriormente de que estar em heresia depende do ponto de vista. Já a *Summa quatripartita*, atribuída a Alain de Lille, começa atacando o dualismo cátaro, em seguida opõe-se à heresia valdense ao mesmo tempo em que registra o ponto de vista eclesiástico oficial sobre a confissão e outras temáticas, e encerra-se por fim com um exame da questão dos judeus e sarracenos – portanto voltando-se para um âmbito exterior ao universo cristão.

São particularmente significativas as fontes anti-heréticas que surgem no entrecruzamento dos direitos eclesiásticos e temporais, possibilitando uma aliança entre os projetos do papado e o projeto político do imperador.

Já em 1184 a decretal *Ad abolendam* concretizava um programa comum estabelecido entre o imperador do sacroimpério e o Papa Lúcio III, no qual se propunha uma ação repressiva contra grupos heréticos explicitamente mencionados. Esta decretal é, aliás, particularmente importante para a história das heresias, porque introduz a perseguição contra um novo fenômeno que vinha se manifestando desde a década anterior: o desejo de leigos pregarem a Palavra de Deus, mesmo sem a autorização da Igreja. Assim, esta decretal termina por excomungar grupos como o dos valdenses e o dos *humiliati*, que no seu anseio de viver uma vida realmente apostólica e de pregar o cristianismo antecipam alguns aspectos do movimento mendicante, este que, já algumas décadas depois, seria canalizado pela Igreja sob o comando de Inocêncio III.

É, aliás, com a bula *Vergentis in senium*, de Inocêncio III, que o papado apresenta como uma de suas estratégias de enfrentamento anti-herético a regularização de uma "criminalização da heresia", assimilando as práticas heréticas a crimes de lesa-majestade e com isto abrindo espaço para que os poderes temporais encontrassem uma justificativa para punir os hereges com medidas como o confisco de bens e destituição de funções públicas. Ao mesmo tempo o *cânone 11 do IV Concílio de Latrão* estabelece as bases de um novo tipo de processo, que podia ser deflagrado por denúncias anônimas acerca de comportamentos heréticos, preparando deste modo as bases para a futura instituição da Inquisição.

O auge da aliança entre papado e os poderes temporais contra os movimentos heréticos se materializa na violenta Cruzada Albigense, contra os cátaros do sul da França. A proposta de Inocêncio III era que Felipe Augusto, rei da França, dirigisse suas forças contra os heréticos da Aquitânia, cujos bens poderia confiscar assim que fossem vencidos. Os interesses temporais e eclesiásticos se associam, e os cátaros são violentamente reprimidos com a tomada de castelos e propriedades que os acolhiam. Por outro lado, contra os valdenses, Inocêncio III prefere adotar uma estratégia de tolerância de modo a não se indispor com a população mais humilde de regiões nas quais os valdenses angariavam simpatia. Deste modo, incube o futuro São Domingos da missão, parcialmente bem-sucedida, de reconvertê-los, embora a heresia valdense ainda persista em períodos posteriores. A pregação mendicante dos futuros dominicanos, desta maneira, surge como alternativa que se adapta às estratégias de Inocêncio III para enfrentar as religiosidades heréticas, embora o ponto de vista mendicante não deixe de ser também uma nova proposta de religiosidade.

O movimento mendicante – incluindo franciscanos e dominicanos – despontaria na terceira década do século XIII como uma nova proposta de pregação que Inocêncio III soube incorporar aos quadros da Igreja enquadrando-o nas chamadas "ordens menores". Ao mesmo tempo, o papa soube cooptar os mendicantes para seu projeto de combate às heresias, ao confiar a clérigos da Ordem Dominicana a função inquisidora.

A partir de 1222, dentro da combinação de interesses da Igreja e dos governos temporais, surgem os tribunais da Inquisição, organizados em 1231 pela bula *Excommunicamus*, de Gregório IX. A partir daqui teremos um novo tipo de fontes vitais para os historiadores: os processos inquisitoriais.

Reprimindo incisivamente o pensamento herético ou discordante em relação à Igreja, estes processos não apresentam a figura do advogado para defender a parte acusada, e por isso impunham que se chegasse à confissão através de recursos que incluíam formas de pressão diversas e finalmente a tortura. A Inquisição intenta diminuir a vaga de novas propostas de religiosidade que a hierarquia romana pretendia desautorizar, inibir ou mesmo eliminar, e com o seu advento os "tratados sobre a heresia" também passaram a ser escritos visando orientar o trabalho dos inquisidores. Surge aqui outra série de fontes importantes que principia com os tratados italianos escritos a partir de meados da década de 1230.

Uma estratégia discursiva presente nestes tratados é que os autores muitas vezes apresentam-se como antigos heréticos, depois convertidos, buscando através desta operação trazer ao texto a ideia de que falam com profundo conhecimento de causa. Também os próprios inquisidores escreveram tratados similares. O mais conhecido é a *Summa contra chatares*, escrita em 1250 pelo inquisidor Raynier Sacconi. Da mesma forma, outro tratado foi composto em 1260 pelo inquisidor chamado Anselmo de Alexandria.

A partir daí um novo gênero literário está estabelecido. Quando adentramos o século XIV, e sobretudo o século XV, começam a se mostrar também os "manuais de inquisidores" – dos quais o primeiro exemplo importante foi o já mencionado *Practica offici inquisitionis*, escrito por Bernardo Guy em 1324. Daí em diante, os historiadores têm à disposição tanto "manuais de inquisidores" como "tratados de demonologia", cujo exemplo mais célebre será o

Martelo das feiticeiras, publicado em 1486 por dois teólogos dominicanos (KRAMER & SPREGNER, 1991). Este tratado, que se difunde a partir de inúmeras cópias em uma época em que acabava de ser inventada a tipografia, será um dos motivadores para a "caça às bruxas" do século XVI, quando então já estaremos em tempos modernos.

Com relação à Inquisição, apesar da ocorrência do célebre manual de Bernardo Guy em 1324, é oportuno lembrar que ocorre certa retração da prática inquisitorial no início do século XIV, já que a principal heresia combatida – o catarismo – havia refluído. Por outro lado, a emergência do wycliffismo na Inglaterra traz a repressão do aparelho inquisitorial entre 1397 e 1426 a este país, que praticamente não registrara grandes atividades heréticas nos séculos XII e XIII. Ao final do século XV, principalmente na Península Ibérica, a Inquisição volta a se manifestar com maior intensidade. Na Espanha, particularmente, ela enfatizará neste período a perseguição aos cristãos-novos. Por outro lado, segue por outros meios a perseguição a eventuais heresias, sobretudo aos movimentos cismáticos que já prenunciam ou prefiguram de algum modo a futura Reforma Luterana (p. ex.: WYCLIFF & HUSS). No século XVI já teremos também "processos inquisitoriais" mais detalhados, aqui também dirigidos – além da perseguição aos cristãos-novos – contra indivíduos acusados de heresia ou feitiçaria.

As fontes sobre as heresias produzidas no âmbito das instituições que as reprimiram, conforme vimos até aqui, são abundantes. Mais rara foi a sobrevivência de fontes produzidas pelos próprios homens que foram considerados hereges. Citaremos um Novo Testamento acompanhado de um rito litúrgico provençal, datado de meados do século

XIII, e também do início deste mesmo século outro Novo Testamento precedido de um apócrifo intitulado "Interrogação de João", que mais tarde passou a ser referido pelos inquisidores como "Segredo dos hereges". Um grupo de inquisidores também teve o cuidado de preservar, para o seu próprio uso, uma coletânea de textos heréticos também do século XIII.

Preservou-se também um tratado doutrinal sobre os dois princípios, escrito da perspectiva do dualismo cátaro, amplamente construído a partir de citações bíblicas. Os receptores previstos para o texto são presumivelmente aqueles a quem se pretendia converter às ideias cátaras, procurando atingir vários níveis de competência leitora, já que o tratado é precedido de um resumo apresentado pelo seu autor como destinado à "instrução dos ignorantes". Em seguida, são desenvolvidos temas como o "livre-arbítrio" antes de se descrever um ritual litúrgico, até se encerrar o tratado com uma exortação denominada *De persecutionibus* na qual os fiéis são conclamados a enfrentar as perseguições tais como as enfrentaram os profetas bíblicos.

5 Problematizações

O estudo das heresias na Idade Média, como se relatou anteriormente, permite aos historiadores se aperceberem não apenas do surgimento destas novas formas de religiosidade que foram classificadas como "heresias" e como tal reprimidas; estes movimentos permitem a percepção de inúmeras outras questões transversais. Uma delas, por exemplo, é a questão da Reforma Gregoriana. A Reforma da Igreja na Idade Média surge como uma necessidade imperativa diante das transformações do período feudal, do desenvolvimento das relações entre o poder religioso e o poder temporal, da emergência das novas formas de religiosidade e de sensibilidade que começam a se desenvolver principalmente a partir do século XII. Reformar implica trabalhar a transformação. Como bem o sabemos, estas transformações têm os seus limites. As heresias permitem precisamente que os historiadores compreendam os limites da Reforma Gregoriana. A partir de certo ponto, uma transformação nas práticas religiosas, nas suas representações e formas de pensar, pode deixar de ser vista como um desejo justo de reformar – isto é, de adaptar a Igreja aos novos tempos – para passar a ser visto como pensamento herético.

De qualquer forma, se a Reforma Gregoriana surgiu como resposta da Igreja às novas transformações históricas e sociais, as heresias também surgiram do mesmo modo. Elas foram respostas a novas questões que eram historicamente colocadas, para retomar a questão levantada no debate do *Colloque de Royaumont* (CHENU, 1968). A heresia, portanto, foi em muitos casos a maneira que diversos cristãos da Idade Média encontraram para enfrentar os desafios do seu tempo. Funcionaram também como instrumentos úteis para que os mandatários da Igreja testassem o seu poder, verificassem até onde podiam avançar no que concerne à busca de uma unidade cristã. O surgimento dos movimentos heréticos e as diversas formas geradas no seio da hierarquia eclesiástica para enfrentar estes mesmos movimentos apresentam-se ambos como respostas a novos problemas.

A questão do poder da Igreja, aliás, corta transversalmente a história das heresias. As fontes nos contam aqui a história de um poder sacerdotal que é crescentemente questionado. Este questionamento do poder sacerdotal, da necessidade dos representantes eclesiásticos como os intermediários necessários entre homem e Deus – questionamento que seria tão caro aos reformadores do século XVI – também revelam simultaneamente os limites e a força das hierarquias eclesiásticas, que não podiam aceitar a recusa desta intermediação sob risco de se deteriorarem as próprias condições que permitiam a existência da Igreja enquanto instituição bem definida. Uma análise comparativa dos vários movimentos heréticos e das novas formas de religiosidade, com atenção voltada para a intensidade e a forma com que eles questionam a autoridade e intermediação da Igreja, também permite dar a entender por que alguns destes movimentos foram tão violentamente reprimidos, enquanto outros foram tolerados, ou mesmo reincorporados dentro da estrutura eclesiástica e da Cristandade aceita como tal pelas hierarquias eclesiásticas. Comparar os vários movimentos heréticos entre si é elaborar também um estudo aferido do poder e das resistências ao poder. Dizíamos que a heresia pode ser examinada em alguns períodos como fenômeno coletivo, e não mais apenas ao nível das disposições psicológicas individuais, das decisões tomadas pelos homens isoladamente.

A história da afirmação crescente da heresia como fenômeno coletivo, conforme vimos, pode ser entrevista em um estudo comparativo das fontes que começam a aparecer no ano 1000 e que já no século XIII revelam níveis consideráveis de difusão coletiva, ao ponto de podermos falar então em verdadeiras comunidades heréticas.

É oportuno acrescentar que, se os historiadores podem estudar a oposição entre heresia e ortodoxia, há heresias que se opõem reciprocamente. Para este caso, seria oportuno lembrar a oposição entre catarismo e valdeísmo. Neste aspecto em particular, Christine Thouzelier, em sua obra *Catarismo e valdeísmo*, destaca o caráter tradicional e a posição radicalmente antimaniqueísta, e portanto anticátara, dos valdenses (THOUZELIER, 1966: 15). Em uma imagem bastante correta sobre a oposição entre cátaros e valdenses – e na verdade entre os dois filões heréticos que surgem no século XII – Pierre Chaunu discute a ideia de que os cátaros contestam o conteúdo, enquanto os pobres de Lyon (os valdenses) contestam a forma (CHAUNU, 1993: 212). Isto é, os primeiros são típicos representantes do filão herético que propõe concepções cristãs radicalmente distintas da ortodoxia papal, gerando com isso novas práticas que rejeitam o sistema de sacramentos da Igreja e mesmo, para o caso dos cátaros, chegando a se organizarem praticamente numa anti-igreja.

Enquanto isso, os valdenses representam o segundo filão herético, aquele que, em pouco ou nada diferindo da concepção religiosa sustentada pela cúria papal, reivindicam o direito da pregação leiga, da ultrapassagem dos intermediários sacerdotais impostos pela Igreja, para além de um modo de vida mais próximo da *vita* evangélica, que fora diretamente inspirado nos textos bíblicos e na imitação de Cristo. Eis aí, portanto, um exemplo de heresias que se contrapõem em determinados aspectos, mas que por outro lado foram rejeitadas pela ortodoxia papal porque, no seu aspecto mais irredutível, opõem-se ambos à "grande estrutura visível da igreja mediadora coletiva" (CHAUNU, 1993: 212).

Contradições entre heresias específicas e fenômenos que lhes foram contemporâneos também constituem objeto de interesse historiográfico. Depois de ressaltar similaridades entre valdeísmo e franciscanismo – ancoradas nas origens comuns em um meio urbano e mercantilista, em um mesmo apelo à perfeição através da pobreza, em uma mesma distância em relação ao "aparelho" clerical, e na intenção de organizar uma fraternidade missionária – Pierre Chaunu destaca as distâncias entre o valdeísmo e a escolástica através do ponto-chave da rejeição da cúria papal, que foi a tradução da Bíblia para a língua vulgar por ordem de Valdés. Assim Chaunu situa a sua reflexão sobre as contradições inevitáveis entre a proposta valdense e o contexto de projeção da escolástica, inclusive a partir dos meios franciscanos:

> Devemos ter presente que 1080 é o ponto de partida de uma verdadeira explosão de uma escolástica majestosa, constituída como "estrutura autônoma organizada". Como imaginar, nestas condições, a circulação de um texto em língua vulgar? Existe uma contradição, na sua delimitação temporal, entre a reivindicação completamente prematura dos pobres de Lião e os alicerces de um gigantesco edifício conceitual que culmina em Santo Tomás de Aquino, João Duns Escoto e Guilherme de Ockham. Tudo, na corrente valdense, é prefigurativo e anacrônico (CHAUNU, 1993: 211).

A abundância de fontes sobre as heresias produzidas no âmbito da Igreja oficial, em oposição desproporcional às poucas fontes que nos chegaram provenientes dos próprios movimentos heréticos, também coloca novos problemas, como o da difusão do pensamento herético no período medieval. Para períodos posteriores, já em uma modernidade que recupera uma Inquisição que se materializou historicamente talvez em níveis ainda mais violentos, os historiadores puderam desenvolver métodos criativos para a percepção destes modos de difusão, muitas vezes ancorados na oralidade, mas que puderam deixar seus rastros em processos já mais pormenorizados e conservados em maior quantidade nos arquivos, tal como foi o caso do célebre estudo de Carlo Ginzburg sobre um camponês herético da Itália no século XVI. Mas aqui já estaremos, certamente, em um novo período para o qual se apresentam novas fontes, e para o qual as chamadas heresias já se situam em novo contexto histórico que breve traria a Reforma Protestante como um acontecimento impactante e definitivo para a história subsequente da religião cristã no Ocidente Europeu.

6 Novos tempos: as rupturas no seio do franciscanismo durante a Baixa Idade Média

O quadro de heresias e cismas, que irá caracterizar os séculos XIV e XV, representa a transição para uma nova época em que se afirmará cada vez mais a impossibilidade de se concretizar o projeto universal de uma Igreja cristã coordenada pelo papa. Obviamente que, mesmo aqui, ainda estaremos longe do tipo de ruptura definitiva que se consolidará com o processo histórico da Reforma Luterana, particularmente a partir de 1521 – quando a Dieta de Worms irá declarar Lutero herege e fugitivo, evidenciando que já não há reversibilidade possível no que concerne aos definitivos abalos relacionados às ambições papais de impor seu projeto universal de controle sobre o mundo cristão e de conter o ímpeto da Reforma Protestante. Em 1555, com a Paz de Augsburgo, com o reconhecimento pelo imperador de que já existiam duas confissões distintas na Alemanha – a Católica e a Luterana –, a ruptura no mundo eclesiástico cristão já estaria consolidada.

De todo modo, retornando ao recorte temporal e ao tema mais específico deste ensaio, pode-se dizer que a intensificação do ambiente de cismas e heresias dos séculos XIII e XIV já havia introduzido na história da Igreja um momento bastante significativo, no qual o projeto universal do papado se viu bastante abalado. Estes novos tempos, contudo, já vinham sendo de certo modo preparados no século anterior. De fato, as últimas décadas do século XIII já anunciam mais ou menos claramente as divisões que estariam por vir. Apenas para dar um primeiro exemplo, teremos nesse momento em uma nova etapa da história do franciscanismo, e também do movimento mendicante como um todo.

Os primeiros sinais da crise surgem no campo da cultura oficial da Igreja: o pensamento escolástico. Já em 1277, a escolástica – que abrigava a parte mais letrada das ordens mendicantes na pessoa dos mestres universitários franciscanos e dominicanos – sofreria um forte abalo com a condenação de alguns textos que tradicionalmente constituíam o corpo canônico do qual os filósofos e teólogos deveriam extrair a matéria de seus problemas acadêmicos. A condenação atinge alguns textos aristotélicos e as posições mais racionalistas, constituindo na verdade a expressão de divisões internas que acabaram por opor aos filósofos escoláticos os teólogos escolásticos mais conservadores. Surgiriam, ademais, novas correntes de pensamento religioso, como o misticismo de Eckhart, o nominalismo de Ockham, ou o pensamento filosófico de João Duns Escoto.

Mas as grandes rupturas estariam por se dar fora das disputas acadêmicas que constituíam o mundo escolástico dos universitários. O Concílio de Lyon marca um ponto de virada em diversos níveis, pois o papado resolvera intervir ainda em uma questão muito cara à maioria dos franciscanos. Ao dispensar do "voto da pobreza" um franciscano chamado Jerônimo Áscoli, o papado trouxe à tona nos últimos anos de século XIII uma questão que já fervilhava há algumas décadas no seio da Ordem dos Menores. Desde a morte de São Francisco de Assis, estava no ar a questão do rigor com os quais os franciscanos deveriam seguir o modelo de vida inspirado pelo seu fundador. A ideia da "pobreza voluntária" – não apenas no âmbito individual, como ocorria em diversas ordens monásticas, mas também no âmbito coletivo – constituía um dos principais pontos de originalidade do franciscanismo. Por outro lado, o que permitira a São Francisco concretizar os radicais ideais evangélicos de seu grupo no interior da estrutura eclesiástica fora a sua declaração de "obediência ao papado" como outro de seus princípios fundamentais, e o *Testamento* que deixa aos seus companheiros franciscanos reitera isto uma última vez.

No final do século XIII os acontecimentos precipitam essa contradição: seria facultado ao papado, a quem os franciscanos deviam obediência primordial, o direito de interferir neste outro princípio fundamental da Ordem que era a questão da recusa em ter bens mesmo em comum?

A corrente dos "espirituais" estabelece-se precisamente entre aqueles que cerram fileiras em torno dos princípios fundadores da pobreza franciscana e do ideal de seguir à risca o modelo de vida de Francisco de Assis. Alguns vão além. Embora bulas papais posteriores tenham expressado a tentativa de amenizar o conflito que surgira tão enfaticamente com o Concílio de Lyon (o *Exiit qui seminat* de Nicolau III, proferido em 1279, e o *Exultantes* de Martinho IV, datado de 1283), um grupo mais radical decidiu recorrer mais tarde ao Papa Celestino IV, para que este lhes autorizasse a saírem da Ordem para constituírem novo grupo. Os papas subsequentes decidiram, contudo dispersá-los ou persegui-los, o que se dá mais enfaticamente sob João XXII (1316-1334). Uma declaração deste último papa sobre a Regra Franciscana conclui enfaticamente com a seguinte afirmação: "Grande é a pobreza, mas maior é a integridade. O máximo é o bem da obediência" (*Quorundam exigit*, 1317).

Na bula *Santa Romana* (1317), João XXII chega a condenar alguns dos grupos mais radicais de espirituais como rebeldes, associando estes que seriam conhecidos como "fraticelli" a outros grupos heréticos como os beguinos. Este longo episódio que se iniciara em fins do século XIII e atingira a segunda década do século XIV, passando por uma sequência de papas até chegar a João XXII, expõe claros sintomas não apenas de um movimento franciscano que começa a se fragmentar e perder sua identidade inicial, mas também de uma Santa Sé hesitante e dividida que logo enfrentaria suas próprias cisões, sem contar as divisões que também começariam a ameaçar de fragmentação a Igreja como um todo. O século XIV será de fato um século de cismas, de propostas reformistas que ainda não sairiam vitoriosas, de revivescência de antigas e novas heresias.

Para a questão que nos interessa, as contradições entre o movimento franciscano mais radical e o papado trariam ainda outros lances que não deixariam de envolver também o poder temporal, já que o Imperador Luís da Baviera tomaria o partido dos franciscanos contestadores. Esta questão, e outros interesses mais complexos envolvendo as antigas contradições entre império e papado, desembocariam no Grande Cisma.

Assim será o segundo século de existência do franciscanismo: um século XIV que praticamente se abre com as terríveis fomes de 1315 e 1316, com a crise de um mundo superpovoado que já enfrentava seus limites produtivos e que dentro em breve se veria abatido pela Grande Peste de 1348, e que ao mesmo tempo logo estaria abalado pela partilha de uma Igreja Católica ameaçada por cismas papais e sacudida por novas propostas reformistas mescladas a movimentos sociais violentamente sufocados. Neste novo mundo em crise, a imagem de São Francisco parte-se em novas possibilidades. Dos "espirituais" – aquela corrente franciscana que pretendia seguir rigorosamente o exemplo de São Francisco para daí fazer da pobreza um absoluto – não demoraria muito a surgirem movimentos desejosos de realizar na terra a "utopia franciscana", sob o prisma de uma eclesiologia radicalmente anti-hierárquica (VAUCHEZ, 1994: 133).

A condenação daqueles que logo seriam denominados *fraticelli* retrata bem este período de tensões sociais do qual partiriam tanto os mais desesperados anseios de libertação, como também uma violenta ação repressora, que adentra o século XIV dando continuidade ao projeto da Inquisição, definitivamente estabilizado sob a responsabilidade da ordem mendicante dos Dominicanos e que se reintensificaria novamente a partir de fins do século XV, notadamente na Espanha. De igual maneira, ao nível dos estados que começam a consolidar seus mecanismos de centralização, tomam forma na Inglaterra os *Estatutos dos trabalhadores* e legislações similares na França e outros países, todas destinadas a controlar uma força de trabalho que começa a se insurgir contra condições desfavoráveis ou mesmo insuportáveis de trabalho.

É neste quadro convulsionado que florescem os *fraticelli*. Rígidos defensores da pobreza absoluta que julgavam preservar a verdadeira herança franciscana, eles costumavam viver em lugares isolados ou eremitérios, ao mesmo tempo em que continuavam a usar o hábito dos franciscanos e, como estes, a organizarem-se em províncias governadas por um geral. A bula *Gloriosam Ecclesiam* (1318), que condena os espirituais da Toscana refugiados na Sicília, menciona entre os erros da nova seita a ideia de que existiriam duas igrejas: uma espiritual (a igreja pobre dos *fraticelli*) e a outra carnal, identificada com a Igreja Romana.

Percebe-se aqui a incorporação, mesmo que vaga, de algo do pensamento dualista que lembra as heresias do século anterior. Expelidos do circuito eclesiástico da Santa Sé, os *fraticelli* começavam a se aproximar de propostas de outros movimentos heréticos e a negar a validade dos sacramentos, uma vez que estes estariam sendo administrados por sacerdotes ilegítimos, autorizados por uma hierarquia que eles não mais reconheciam. Por outro lado, alguns deles também passaram a compartilhar das ideias de Joaquim de Flora sobre o fim do mundo. Sua difusão, sobretudo na Itália, foi particularmente favorecida pelas circunstâncias da época: o exílio dos papas em Avignon e o cisma do Ocidente, a luta das comunas italianas contra a autoridade eclesiástica.

Combatidos e perseguidos pela Inquisição, os *fraticelli* terminariam por desaparecer por volta da metade do século XV.

7 A *devotio* moderna

As divisões internas ao franciscanismo dos últimos tempos medievais, algumas chegando a serem classificadas como heréticas, constituem apenas um primeiro exemplo da explosão de propostas questionadoras que começam a emergir do seio da Igreja. De fato, os séculos XIV e XV serão ricos em heresias e comportamentos heréticos, em cismas e ameaças de cisões internas no corpo eclesiástico, em insubordinações várias contra a autoridade papal.

Neste novo quadro de ameaças à unidade cristã, os dois principais movimentos dos séculos XIV e XV que a Santa Sé terminaria por conceber como heresias são o wycliffismo e o hussismo. Uma das análises mais ricas sobre este novo quadro de movimentos – devidamente associada ao contexto de um novo mundo que já não é mais o da expansão feudal, mas sim o de um universo superpovoado que breve teria nas grandes fomes e na Peste de 1348 os sintomas de uma verdadeira crise da Cristandade diante de suas próprias limitações espaciais e produtivas – foi elaborada por Pierre Chaunu em sua obra *O tempo das reformas*. Tal como observa Chaunu, o wycliffismo e o hussismo são dois movimentos indissociáveis da crise do Grande Cisma do Ocidente (CHAUNU, 1993: 206). Por outro lado, Chaunu ainda ressalta que existe um diálogo histórico a ser compreendido entre a questão da Reforma, os comportamentos cismáticos e as heresias da Baixa Idade Média. Isto porque, apesar da Reforma do século XVI não poder ser, em nenhum caso, assimilada às heresias dos primeiros séculos, apesar de não ser, em nenhum aspecto, uma heresia, já que se situa, como o catolicismo da Reforma Católica, numa perspectiva de continuidade, é importante salientar que, tanto num lado como no outro, é em termos tradicionais de heresia que o comportamento cismático foi interpretado.

Uma prefiguração que pode ser identificada entre as "heresias" de Wycliff ou Huss e a Reforma Protestante do século XVI está no fato de que elas se situam em outro plano de sensibilidades religiosas, particularmente aspirantes a uma piedade individual e a uma relação mais pessoal com Deus. Chaunu explica o ponto: "A Igreja é o instrumento coletivo de uma salvação coletiva e individual". Ora, a crença na Igreja como instrumento de salvação coletiva vê-se abalada tanto pela ocorrência das grandes mortes provocadas pela Peste, da qual a Igreja não pôde proteger a coletividade, como pelo Grande Cisma, que evidencia a crise no topo da hierarquia eclesiástica. A parte de crença na Igreja como salvação coletiva vê-se abalada, e subsiste mais forte a crença na Igreja como salvação individual (CHAUNU, 1993: 215).

É ainda Chaunu quem propõe uma filiação singular. As heresias, propriamente ditas, corresponderiam ao filão herético que propunha transformações dogmáticas: as heresias da Antiguidade e o seu prolongamento em termos de transformações doutrinárias, que é o maniqueísmo medieval através dos cátaros. Já as proposições de Wycliff e John Huss corresponderiam ao outro filão, àquele que incluiria numa linha de associações Valdés, Wycliff, Huss, e finalmente Lutero e os demais reformadores do século XVI (CHAUNU, 1993: 216).

Por outro lado, antes de discutirmos o quadro geral dos movimentos liderados por Wycliff e Huss, será oportuno considerar um espaço de intertextualidade importante que o afeta: este grande conjunto de correntes que constituem aquilo que os humanistas dos finais dos séculos XV e XVI chamaram *devotio moderna*. Na Alemanha, já veremos um grupo diversificado que ampara suas propostas religiosas em uma leitura direta da escritura, e que entre 1393 e 1400 seriam atingidos por diversas sentenças papais. Mencionaremos os "irmãos do espírito livre", e, sobretudo, os "begardos". Estes e outros grupos heréticos, na verdade, dão continuidade ao pensamento místico que na década anterior havia sido introduzido por pensadores como Eckhart e Ruysbroek, mas conduzindo-os a um radicalismo bastante acentuado. Ruysbroek, contudo, condena os "irmãos do espírito livre" na segunda parte do seu *Ornement des Noces Spirituelles* (DELARUELLE, 915):

> Devido à tranquilidade natural que sentem e possuem de si próprios, julgam-se livres, unidos a Deus sem intermediário, elevados acima de todas as práticas da Santa Igreja, acima dos mandamentos de Deus, acima da lei...

O próprio Ruysbroek, por outro lado, também se insere à sua maneira na *devotio moderna*, conjuntamente com outros nomes como Gerard de Grotte (1340-1382). O movimento foi categorizado por Chaunu como ligado a uma espécie de "classe média" da hierarquia eclesiástica (CHAUNU, 1993: 217), e sua principal característica seria a ideia de que existe mais na vida interior pessoal do que na liturgia. A *devotio moderna*, como salienta Chaunu, está próxima do Cristo da Dor e vive a *pietá*: "O seu Cristo é homem e desceu do vitral" (CHAUNU, 1993: 217). No âmbito de uma perspectiva análoga, nos Países Baixos, por volta de 1280, fazem-se notar também os "Irmãos da vida comum". Mas talvez um dos símbolos mais característicos da *devotio moderna* seja Tomás de Kempis (1380-1471), que é considerado o possível autor da famosa *Imitação de Jesus Cristo*, um dos livros mais difundidos em sua época, que acabara de ser beneficiada com a invenção da imprensa.

8 Wycliff

A base do pensamento de Wycliff (1324-1384) – professor de Teologia em Oxford – reside na franca oposição à ideia do poder divino "delegado" à Igreja enquanto instituição. O poder de Deus é "retido", e não "delegado" (para utilizar as próprias noções desenvolvidas por Wycliff).

Neste sentido, nenhuma instituição terrestre, inclusive a Igreja comandada pela Santa Sé, poderia reivindicar para si direitos baseados na ideia de que o poder de Deus lhe teria sido delegado, fazendo dela o intermediário necessário entre os homens e Deus. Em relação a isto, seu primeiro tratado – o *De domínio divino* –, redigido em 1376, já apresenta embrionariamente todo o sistema de pensamento que seria desenvolvido em obras posteriores – como, por exemplo, o *De civili domínio* (1377), que começa por extrair do princípio geral algumas consequências relacionadas com o governo.

Nos primeiros tratados de Wycliff já veremos bem desenvolvida a ideia – que seria de importância fulcral tanto para o movimento hussista como para o protestantismo de modo geral – de que o padre não tem qualquer poder delegado de Deus, cuja ação é sempre direta. Vale dizer, a Igreja já não seria aqui a instituição responsável por todas as mediações relacionadas a Deus, e na verdade o próprio conceito de "mediação" é questionado para este caso. Wycliff está se opondo aqui a uma ideia de mediação que constituíra até então a base da eclesiologia medieval, e que será também contestada, a seu tempo, por todas as linhas que de algum modo derivam dele até desembocarem mais tarde no protestantismo.

O anticlericalismo de Wycliff expressa simultaneamente uma síntese das posições que nos dois séculos anteriores haviam constituído a mais ferrenha crítica à instituição eclesiástica – como a crítica à riqueza da Igreja, a declaração de uma superioridade da vida ativa sobre a vida contemplativa, e a afirmação da escritura como único guia – e uma síntese das proposições básicas que estariam por vir. Se de um lado Wycliff recusa à Igreja-instituição o seu tradicional papel de mediadora, no *De officio Regis* ele reconhece no poder real o único indício tangível do poder visível de Deus (CHAUNU, 1993: 221). Os dois tratados de *1378 – De veritate Scripturae sancta* e *De Ecclesia* – já prefiguram aspectos que seriam básicos para a Reforma Protestante.

O primeiro ponto-chave a ser discutido no pensamento wycliffiano é a ideia levada às últimas consequências da "autoridade da Sagrada Escritura". Não se trata mais de simplesmente afirmar esta ideia, como fizera Valdés, mas de levar aos seus limites a proposição de que a autoridade da escritura pode combater a Igreja. Assim, se toda a construção teológica medieval se amparara na ideia de que a Escritura era palavra de Deus que fora confiada à Igreja, Wycliff sustentava agora a afirmação autônoma da autoridade dela. Chaunu delimita com bastante precisão a inversão wycliffiana: enquanto a Igreja tradicionalmente baseara seu ensino e sua pregação na escritura, mas tratando esta como um dado ditado por Deus, Wycliff propõe exclusivamente uma ordem, e não outra: Deus, a escritura, e somente depois a Igreja (CHAUNU, 1993: 222).

As escrituras são propostas mesmo como o juiz da Igreja. Ademais, nos seus tratados de 1378, Wycliff afirma que elas são suficientes e perfeitamente claras, prescindindo de qualquer comentário da Igreja que se postule como necessário para o seu entendimento. Advoga-se assim a possibilidade de uma leitura perfeitamente autônoma da escritura, sem o comentário: as Escrituras suscitam aqui uma abordagem direta, desqualificando "a ciência da quádrupla exegese e a acumulação da paráfrase patrística" (CHAUNU, 1993: 223).

Esta radical simplificação é talvez o aspecto mais extremo do sistema proposto por Wycliff. Contra qualquer mediação da Igreja levantam-se estas palavras contundentes:

> Ai da geração adúltera que acredita mais no testemunho do Papa Inocêncio ou de Raimundo que no sentido do Evangelho; a Igreja Romana inventou essa mentira de que a Igreja tardia corrige a fé de uma Igreja mais antiga (DELARUELLE et al., tit. XIV: 950).

Ressaltando neste momento algumas distinções que marcam a distância de 140 anos entre Wycliff e Lutero, vale lembrar que o Deus de Wycliff é muito mais um Deus juiz do que um Deus salvador.

Ainda não se tem, com Wycliff, o conceito de salvação pela fé. Fora isso, Lutero viverá em um mundo onde a divulgação de uma mensagem pode ser multiplicada através da impressão, o que será um dado significativo para o sucesso de sua Reforma.

Voltemos, contudo, à caracterização dos principais traços do pensamento wycliffiano. A ressignificação de Igreja pelo pensamento de Wycliff também permite estabelecer alguns pontos importantes. Em *De Ecclesia* (1378) ele registra: a Igreja não se reduz apenas aos clérigos; inclui também os leigos. De igual maneira, a Igreja não se confunde com a instituição. Mas, enfim, é a Igreja-Instituição – a Igreja controlada pela Santa Sé – o alvo de suas críticas. No desenvolvimento terminal de seu sistema, Wycliff irá contestar abertamente os sacramentos e a prática da missa. Estes pontos, talvez, lhes serão fatais. Tal como observa Pierre Chaunu, "Wycliff tira [os sacramentos] sem nada dar em troca. As suas posições sobre Eucaristia isolam-no e valem-lhe a condenação de uma enorme estrutura cultural e social" (CHAUNU, 1993: 232).

São estes os eventos da concretização de seu pensamento que precedem a sua condenação.

Ao mesmo tempo, já ocorrera em 1381 a revolta popular liderada por John Ball, que se filiara à influência de Wycliff, e este "não pode romper a assimilação que se estabeleceu entre ele e os revoltosos" (CHAUNU, 1993: 232). Além disso, desde o final de 1380 surgira o movimento dos "padres pobres", que se proclamam discípulos de Wycliff. Esta assimilação traz como implicação a retirada do apoio do Estado inglês, que até ali ancorara Wycliff, e este é expulso de Oxford. Há ainda outros movimentos que parecem dialogar com Wycliff, como o dos lolardos. O pensamento de Wycliff escapara ao controle dele mesmo. Já não lhe pertence. Mas lhe pertencerão suas consequências. É um caminho sem volta. Em 17 de maio de 1382, a doutrina de Wycliff é condenada por um comitê da Igreja inglesa. Em poucos meses é desconstruído o wycliffismo universitário, diante de uma frente que conta com a coroa, a autoridade da Igreja inglesa na pessoa do arcebispo de Cantuária, e as ordens mendicantes.

Em 1384, já doente, Wycliff morreria abandonado.

9 Derivações: os lolardos, os padres pobres, e João Huss

Pelo menos um setor bastante importante do movimento dos lolardos – heresia que preocupou a Igreja a partir de fins do século XIV e até meados do século XV – beneficiou-se bem diretamente da influência de Wycliff. As bases da influência wyclifiana sobre a heresia dos lolardos foi bem examinada por Anne Hudson em sua obra intitulada *A reforma prematura: os textos de Wycliff e os Lolardos* (1988). Grosso modo, existe de um lado um lolardismo universitário de forte inspiração wycliffiana que foi bastante atuante. Pierre

Chaunu, em *O tempo das reformas* (original: 1975), também nos fala de um lolardismo parlamentar, hostil à fiscalidade pontifícia que tinha se estabelecido a partir dos tempos do papado de Avinhão, e também de um lolardismo popular (CHAUNU, 1993: 233).

Este último movimento tem inspirações similares ao que John Ball organizara a partir de um célebre jargão que dizia: "Quando Adão cavava e Eva fiava, onde estava o fidalgo?" Também já mencionamos os "padres pobres", que uniam protestos à pregação do Evangelho, lembrando neste último aspecto e na sua combinação com o voto de pobreza a prática das ordens mendicantes. Depois de 1470, parecem desaparecer os últimos traços do wycliffismo, até que ele retorna sob a forma de uma influência importante com João Huss (1369-1415). Mas então já estaremos em outro período.

O contexto sob o qual se desenvolveram as primeiras formulações de Wycliff, em uma Inglaterra que não tivera problemas em reprimi-las a seu tempo, fora bem distinto do contexto de João Huss, que inicia o seu movimento na Boêmia, portanto no âmbito do Império. Enquanto o protesto wycliffista confundira-se na Inglaterra com um movimento limitado a um escalão social mais baixo, e portanto não representativo, o protesto hussita é marcado por um cunho nacionalista e desenvolve-se de maneira muito mais representativa, capitalizando a simpatia de amplos setores da população boêmia e correspondendo a "uma revolta de quase toda uma sociedade no âmbito territorial de um conjunto de estados" (CHAUNU, 1993: 234). Eis aqui, precisamente, a singularidade da Boêmia neste período: trata-se de um país que fora cristianizado tardiamente e no qual a Igreja traz os ambíguos traços de "arcaísmo e de evolução avançada" (CHAUNU, 1993: 234).

Sobretudo, o fato relevante é a combinação da peculiar situação política da Boêmia com a singular situação institucional de Igreja cristã da Boêmia. A Boêmia de João Huss é de um lado um dos diversos territórios que constituem o Império; e de outro uma região periférica do cristianismo, pois, tendo este atingido a região mais tardiamente, terminou por gerar uma Igreja local ainda periférica do ponto de vista institucional. De fato, tal como ressaltam Delaruelle e Labande em sua análise sobre *A Igreja da época do Grande Cisma* (1962-1964: 974), o ponto de partida da reforma na Boêmia está muito ligado à decisão do próprio imperador de estabelecer uma arquidiocese em Praga, como parte de uma estratégia com vistas a estabelecer um alinhamento e equiparação da periferia da Igreja boêmia com o centro institucional da Igreja em Roma, Paris e outras regiões centrais da Europa.

É da comunicação entre o Arcebispo Ernest de Pardubice e aspirações populares representadas por vários talentosos pregadores da Boêmia – como Mathias de Janow ou Conrad de Waldhayusem – que irá se gestar o ambiente do qual emergirá a obra de Huss, já embebida da influência wycliftiana. Vale lembrar ainda que a combinação entre os elementos modernos e arcaizantes manifestam-se no discurso de pregadores como Mathias de Janow, que remete ao estilo dos discursos mendicantes do século XIII, mas já adaptado à realidade da Igreja dividida pelo Grande Cisma. O discurso de Janow em suas *Regras do Antigo e do Novo Testamento* (1388-1396) é simples e direto, e atinge diretamente os meios populares da Boêmia. No clima do Grande Cisma, seu anticristo é obviamente o papa clementista, contrário ao circuito de alianças do Império. É em torno da pregação de Janow que surgirá uma espécie de *devotio moderna* da Boêmia, uma corrente que combina um espírito reformista, mais para o moderado, com algumas tonalidades místicas. A imagem wycliffiana de que acima da Igreja-instituição – a Igreja visível – existe uma Igreja invisível, a única verdadeira e que é comandada diretamente por Deus, torna-se uma de suas referências fundamentais.

John Huss – estudante da Universidade de Praga por volta de 1409 – começa a se projetar precisamente neste clima de ideias impregnadas de inspirações wycliffianas e de ambições políticas que vão desde as questões de identidade nacional até às aspirações da igreja local a uma situação menos periférica, tudo isto catalisado pelo explosivo clima do Grande Cisma, que chegará neste período à concomitância de três papas com o apoio imperial em 1409 a um papa de Pisa que dividirá ainda mais um universo religioso partilhado pelos clementistas (partidários de Bento XIII – 1394-1422 – sucessor de Clemente VII, papa de Avinhão que fora apoiado pela França e Península Ibérica) e urbanistas (partidários de Bonifácio XI e depois de Gregório XII – 1402-1415 –, um dos sucessores de Urbano VI, e que conta com o apoio da Inglaterra e da Itália Urbanista, embora não mais com o apoio do Imperador Vencelslau). O próprio ambiente da universidade tcheca – na sua oposição ao grupo clementista de Avinhão – está dividido entre apoios a Alexandre V (o papa de Pisa, que logo será sucedido por João XXIII) e ao Papa Bonifácio XI, ligado ao setor urbanista do Grande Cisma. Esta Universidade de Praga intensamente dividida logo irá ser abalada pela retirada, para a Universidade de Leipzig, dos universitários ligados às nações da Baviera, Saxônia e Polônia. E com isto se projetarão os universitários tchecos, entre os quais João Huss, que começa a se destacar pela sua atuação como pregador popular e pela sua imensa e significativa produção literária, esta que de certa forma poderá ser vista como um anúncio da corrente que iria mais tarde desembocar em Lutero, da mesma maneira que a obra de Wycliff pode ser vista como um prenúncio da corrente que iria se afirmar com Calvino. Ao mesmo tempo, as referências que John Huss privilegia nas *escrituras* – francamente tendentes às citações do *Novo Testamento* (ao contrário da corrente que desembocaria em Calvino, e que privilegia o *Velho Testamento*) – também anunciam a publicação da *Imitação de Cristo*, atribuída a Tomás de Kempis.

John Huss, embora aparentemente menos radical do que Wycliff em alguma de suas proposições, morrerá na fogueira por ordem do Concílio de Constanza (1415). Singularmente, Wycliff, embora abandonado por todos, morre por doença e velhice em 1384, pois havia encontrado a complacência do estado territorial inglês, que um dia fora seu aliado. Já os tempos de John Huss são outros. Por um lado ele vive a fase mais caótica do Grande Cisma. Se entre 1378 a 1409 a Igreja vivera uma primeira fase do Grande Cisma bastante dicotomizada, de 1409 a 1414 sua unidade parece se esfacelar, tendo por sintoma a própria eleição de um terceiro papa (Alexandre V, o papa de Pisa). O Concílio de Constanza, empenhando-se ao máximo em restabelecer a unidade da Igreja, necessitará de maior rigor. Assim, se a projeção de Wycliff fora gestada na fase de instalação do Grande Cisma, a projeção de John Huss deverá encontrar seu ponto final no termo deste mesmo Grande Cisma. Isso explica o maior rigor contra Huss, apesar de seu cuidado em contornar questões doutrinárias bastante radicais que Wycliff ousara afrontar.

Por outro lado, as críticas contra os abusos da Igreja são quase as mesmas, e veremos Huss copiar passagens inteiras de Wycliff, cuja obra já era toda conhecida em Praga entre 1402 e 1403 em função de intensas comunicações interuniversitárias entre Oxford e Praga, e particularmente através da difusão dos textos wycliffianos que fora proporcionada por Jerônimo de Praga. Assim mesmo, em John Huss aparece um pouco matizada e relativizada a total rejeição de Wycliff à ideia de um "poder delegado" por Deus à Igreja visível (isto é, a Igreja-instituição, comandada pela Santa Sé). Huss será um crítico contumaz da intermediação eclesiástica conduzida pela Santa Sé, mas um pouco menos radical do que o fora Wycliff. Também rejeita a concepção wycliffiana que associava a validade do sacramento à dignidade do padre que a ministrasse. Enfim, face a Wycliff, John Huss mostra-se um pouco moderado; mas o seu contexto social, político e institucional é na verdade muito mais radical. Para além disto, sua crítica às indulgências que o futuro Antipapa João XXIII resolveria mobilizar para viabilizar suas ambições territoriais o colocam em linha direta com a Reforma de Lutero, que aliás o invocará postumamente como influência determinante do movimento.

Mas o primeiro ato de desobediência de Huss, que o coloca em confronto mais direto com a hierarquia eclesiástica, havia ocorrido quando ele resolveu enfrentar certas determinações contra pregações populares que haviam sido impostas pelo Papa Alexandre V – o papa cismático de Pisa que havia sido reconhecido pelo imperador, e que portanto controlava a igreja local de Praga. Recusando-se a atender a uma convocação papal para discutir o assunto, Huss foi excomungado em 1411. Em seguida, já no papado pisano de João XXIII, surge a questão das indulgências, um segundo gesto de desobediência institucional. O papa pisano vinha cobrando indulgências do povo tcheco para financiar suas expedições territoriais contra Nápoles, e para isso obtivera apoio do Imperador Venceslau, que terminou proibindo as críticas à cobrança de indulgências. Isso colocaria Huss não mais apenas em confronto com o poder institucional do papado de Pisa e da igreja local de Praga, mas também em confronto contra as próprias determinações imperiais.

Logo ocorreria uma nova convocação para ir à presença papal – mas agora da parte do Concílio de Constanza, que havia se estabelecido com vistas a tentar estabelecer a unidade da Igreja e pôr fim ao Grande Cisma. A proposta de um salvo-conduto do Imperador Segismundo – que a esta altura era o novo soberano do Sacroimpério Romano-germânico – e a promessa dos conciliares de que teria oportunidade de defender suas ideias, levam John Huss a comparecer ao Concílio de Constanza acompanhado de Jerônimo de Praga, que fora o primeiro divulgador dos textos wycliffianos na Boêmia. Mas as hierarquias eclesiásticas já tinham Huss na conta de herético, e ademais a sua condenação satisfaria a dupla necessidade de altiva afirmação da ortodoxia e de fortalecer a ideia de um governo conciliar da Igreja em oposição à antiga ideia de uma monarquia pontifícia, que até então havia concentrado os poderes de maneira absoluta na pessoa do papa. Acusado de seguir as doutrinas de Wycliff, que já haviam sido condenadas nas décadas anteriores, o fim de João Huss terminaria sendo a condenação por heresia e a morte na fogueira.

A condenação de Huss traria suas implicações posteriores, além da influência que logo teria para os movimentos reformistas que no século XVI terminariam por serem bem-sucedidos. Imediatamente após a condenação, ocorreram protestos populares em Praga, com o apoio da igreja local, que termina por se separar da igreja regida pelo Concílio de Constanza. Trata-se portanto de uma espécie de cisma territorial, que conservaria a igreja da Boêmia separada da Igreja Católica por cerca de cinquenta anos. Os *Quatro Puncta de Praga*, divulgados em 1419, estabelecem documentalmente o início desta separação.

Extrema radicalização das propostas hussitas na Boêmia logo viria com a corrente dos "taboritas", que se opõe à corrente hussita mais moderada dos "calistinos". A Boêmia, aliás – particularmente em Tabor – constituir-se-á após a solução conciliatória do Grande Cisma em um verdadeiro "refúgio de todos os inconformados da Cristandade", dando origem ao que Pierre Chaunu chama de um "*pandemonium* de todas as heresias" (CHAUNU, 1993: 239). Ali veremos, por exemplo, os "adamistas antinomistas", que propõem não só a comunhão de bens como a comunhão das mulheres, e que costumavam dançar nus enquanto recitavam um *Pai-nosso* simplificado. Eis aqui, talvez, os prenúncios da ideia de uma reforma radical que surgiria através de surpreendentes propostas inovadoras nos séculos posteriores, a exemplo do que aconteceria com as diversas correntes de radicalismo reformista que surgiriam mais tarde na Inglaterra do século XVII, ao mesmo tempo em que se consolidava a corrente reformista oficial. Mas aqui, certamente, já estaremos em um período histórico bem-distinto.

Referências

Fontes

BORETIUS, A. (org.) (1883). "Capitularia Regum Francorum". *Monumenta Germânica Histórica*, II. Legum: Hanover.

CHABANNES, A. (1987). *Chronique*. Paris: Jules Chavanon.

DUVERNOY, J. (org.) (1977/1978). *Le registre d'Inquisition de Jacques Fournier*: Eveque de Pamiers. Paris/Haia: Mouton.

GUY, B. (2002). *Livre des sentences de l'inquisiteur Bernard Guy*. Paris: Pales-Gobilliar.

GLABER, R. (1886). *Les cinq livres de ses histoires* (900-1044). Paris: Maurice Proux.

HUSS, J. (1973). *De Ecclesia*. Nova York: M. Spinka.

EIMERICO, N. (1376). *Directorium inquisitionis*. Avignon.

INÁCIO DE ANTIOQUIA (1995). "Tralianos". *Patrística* – Padres apostólicos. São Paulo: Paulus.

IRENEU DE LYON (1994). *Contra as heresias*. São Paulo: Paulus [Coleção Patrística, vol. 4].

JACQUES DE VITRY (1972). *Historia Occidentalis* (c. 1220). Friburgo: University Press.

KRAMER, H. & SPRENGER, J. (1991). *O martelo das feiticeiras*. Rio de Janeiro: Rosa dos Tempos.

MOORE, R.I. (org.) (1995). *The Birth of Popular Heresy* – Documents of Mediaeval History. Toronto: University of Toronto Press [Coletânea de fontes primárias].

PELHISSON, G. (1994). *Chronique* (1229-1244). Paris: CNRS [org. por J. Duvernoy].

PETERS, E. (org.) (1980). *Heresy and Authority in Mediaeval Europe*. Londres: Peters [Coletânea de fontes primárias abrangendo todo o Período Medieval].

URSPERG, B. (s.d.). "Chronicon". In: ABBEL & WEILAND (orgs.). *Monumenta Germanica Historica*: Scriptores, XXIII, p. 337-383.

WAKEFIELD, W. L. & EVANS, A.P. (org.) (1991). *Heresies of the High Middle Ages*. Nova York: Record of Western Civilization series [Coletânea de fontes primárias da Alta Idade Média].

WYCLIFF, J. (1882). *Wyclif's Latin Works (including: De Ecclesia, De Dominio Divino, De Civili Dominio, De Veritate Sacrae Scripturae, Polemical works)*. Londres: The Wyclif Society.

Bibliografia

AUDISIO, G. (1999). *The Waldesian Dissent* – Persecution and survival (c.1170-c.1570). Cambridge: Cambridge University Press.

BOLTON, B. (1992). *A Reforma na Idade Média*. Lisboa: Ed. 70 [original: 1983].

CAMERON, E. (1980). *The reformation of the Heretics* – The waldenses of the Alps (1480-1580). Oxford: [s.e.], 1980.

CHAUNU, P. (1993). *O tempo das reformas (1250-1550)* – 1: A crise da Cristandade. Lisboa: Estampa [original: 1975].

COSTEN, M. (1997). *The Cathars and the Albigensian Crusade*. Manchester: Manchester University Press.

DELARUELLE, E.R.; LABANDE, P. & OURLIAC, P. (1962-1964). *L'Église au temps du grand schisme et de la crise concilliare*. Paris: Fliche e Martin.

DUBY, G. (1992). *O ano mil*. Lisboa: Ed. 70 [original: 1967].

______ (1990). "Heresias e sociedades na Europa Pré-Industrial, séculos XI-XVIII". *Idade Média – Idade dos homens*. São Paulo: Companhia das Letras, p. 175-184 [original: 1988].

DU-PIN, L.E. (1696). *Histoires des controverses et des matères ecclesiastiques traitées dans le deuxième siècle*. Londres: Abel Swal an Tlm Childe.

DUVERNOY, J. (1972/1976). *Le catharisme*. 2 vols. Paris: Provat.

FAVIER, J. (2004). *Carlos Magno*. São Paulo: Estação Liberdade.

FRANGIOTTI, R. (1995). *História das heresias* (séculos I a VII). São Paulo: Paulus.

GINZBURG, C. (1989). *O queijo e os vermes*. São Paulo: Companhia das Letras [original: 1976].

GUIRAUD, J. (1935). *Histoire de l'Inquisition au Moyen Age, I*: Cathares et vaudois. Paris: Pucard.

LAMBERT, M. (1998). *The Cathars*. Oxford: Blackwell.

______ (1992). *Medieval Heresy*: popular movements from the gregorian reform to the Reformation. Oxford: Blackwell.

LAVACK, B. (1991). *Le grande chasse aux soucières en Europe au début des temps modernes*. Paris: Seyssel.

LE GOFF, J. (org.) (1968). *Hérésies et sociétés*. Paris: Mouton.

LEA, H.C. (1963). *History of the Inquisition in the Middle Ages*. Londres: Eyre and Spottiswood.

MANSELLI, R. (1963). *L'Eresia del male*. Nápoles: [s.e.].

______ (1953). *Studi sulle eresie del secolo XII*. Roma: Latreza.

MARTIN-BAGNAUDEZ, J. (1992). *L'Inquisition*: mythes et réalités. Paris: Desclée de Brouwer.

MOLINIER (1980). *L'Inquisition dans le midi de la France au XIII et au XIV siècle*. Paris: [s.e.].

SCHMITT, J.-C. (2002). "Feitiçaria". In: LE GOFF, J. & SCHMITT, J.-C. (orgs). *Dicionário de História Medieval*. Vol. I. São Paulo: Edusc, p. 423-435 [original: 1999].

THOUZELIER, C. (1966). *Catharisme et valdéisme em Languedoc à la fin du XIe et au debout du XIIIe siècle*. Paris: PUF [original: 1965].

VAUCHEZ, A. (1995). *A espiritualidade na Idade Média Ocidental:* séculos VIII a XIII. Rio de Janeiro: Zahar [original atualizado: Seuil: 1994].

ZERNER, M. (2002). "Heresia". In: LE GOFF, J. & SCHMITT, J.-C. (orgs.) *Dicionário temático do Ocidente Medieval*. São Paulo: Edusc [original: 1999].

3

Trifuncionalidade medieval: notas sobre um debate historiográfico*

1 A trifuncionalidade como ideologia

O estudo das *ideologias*, no âmbito da história das ideias, tem gerado algumas das temáticas mais importantes e polêmicas da historiografia das últimas décadas, sendo estas particularmente significativas para a compreensão das relações entre representações sociais e política nos vários períodos históricos. Neste ensaio, que examinará a clássica discussão historiográfica sobre a "trifuncionalidade medieval", estaremos considerando "ideologia" como uma noção que se relaciona francamente com um "projeto de agir sobre a sociedade" – embora seja importante aqui a ressalva de que o conceito de "ideologia" é extremamente polissêmico, comportando na verdade inúmeras possibilidades de sentido.

Acompanhemos, por ora, algumas palavras bastante oportunas do historiador francês Jacques Le Goff, que exemplificam a utilização do conceito de ideologia na mesma direção que apontamos acima (LE GOFF, 1994: 11):

---

* Originalmente publicado em *Cultura* – Revista de História e Teoria das Ideias [Revista do Centro de Cultura. Faculdade de Ciências Sociais e Humanas. Lisboa], vol. XXII, 2006, p. 275-294.

> Quando os clérigos da Idade Média exprimem a estrutura da sociedade terrena pela imagem dos dois gládios – o do temporal e o do espiritual, o do poder real e o do poder pontifical – não descrevem a sociedade: impõem-lhe uma imagem destinada a separar nitidamente os clérigos dos leigos e a estabelecer entre eles uma hierarquia, pois o gládio espiritual é superior ao gládio material. Quando estes mesmos clérigos distinguem nos comportamentos humanos os sete pecados capitais, o que eles fazem não é a descrição dos maus comportamentos, mas sim a construção de um instrumento adequado ao combate contra os vícios em nome da ideologia cristã.

A ideologia, poderíamos acrescentar, corresponde a uma determinada forma de construir representações ou de organizar representações já existentes para atingir determinados objetivos ou reforçar determinados interesses. É uma visão de mundo que se impõe, de modo a cumprir determinado projeto social ou a atender certos interesses políticos e, por trás destes, eventualmente interesses econômicos. O nível de consciência ou de automatismo como isto é feito é questão aberta, e que dificilmente poderá ser um dia encerrada. Também se discute se ideologia é uma dimensão que se refere à totalidade social (uma instância ideológica) ou se existem ideologias associadas a determinados grupos ou classes sociais (ideologia burguesa, ideologia proletária). Na verdade, ideologia é um conceito que tem sido empregado por autores distintos com inúmeros sentidos no campo das ciências humanas, e por isto um historiador que pretenda utilizar este conceito deve se apressar a definir com bastante clareza o sentido com o qual está utilizando.

Na acepção mais restrita que empregamos acima, a ideologia estará sempre associada a um determinado sistema de valores. A ideologia, de acordo com este uso, tem a ver com "poder", com "controle social" exercido sobre os membros de uma sociedade, geralmente sem que estes tenham consciência disto e muitas vezes sem que os próprios agentes implicados na produção e difusão de imagens que alimentam o âmbito ideológico tenham eles mesmos uma consciência mais clara dos modos como o poder está sendo exercido.

Feitas estas considerações conceituais iniciais, nosso objetivo a seguir será o de examinar a polêmica discussão historiográfica que se tem estabelecido em torno de um dos sistemas ideológicos mais poderosos que recobriu as sociedades do Ocidente Medieval: a trifuncionalidade social.

2 Trifuncionalidade na Idade Média e em outros contextos

Não é certamente uma criação exclusivamente medieval, ou de qualquer outro tempo, a tão discutida concepção de uma partição trifuncional do mundo social – um mundo que estaria grosso modo dividido entre aqueles que estabelecem a mediação da sociedade com os deuses ou com o mundo sobrenatural, aqueles que guerreiam para defender e impor esta mesma sociedade diante das outras, e por fim aqueles que trabalham arduamente para manter a base material de todo o conjunto social. Se na Idade Feudal um esquema similar a este pôde ser traduzido em termos de uma sociedade já cristianizada e dividida em *oratores*, *bellatores* e *laboratores*, a verdade é que encontraremos as mais diversas concepções tripartidas em sociedades antigas e nas mais variadas partes do mundo.

Em vista de um quadro tão complexo, há pouca possibilidade de que se chegue algum dia a um consenso entre os historiadores e estudiosos de outros campos das ciências humanas relativamente às origens primordiais desta ideia de uma sociedade tripartida. Estaria Dumézil (1958) correto ao afirmar que o esquema tripartido é uma representação tradicional dos povos indo-europeus? Teria alguma razão Boyancé (1955), ao desacreditar da afirmação dumeziliana de que tal esquema tenha estado também muito presente no espírito dos latinos? Ou tal esquema, como propõe Abravael Vasilji (1963), poderia simplesmente surgir em determinadas sociedades em certos momentos, sem que haja necessariamente uma rede de influências e infiltrações que justifiquem por contaminação a manifestação do pensamento trifuncional nesta ou naquela sociedade histórica? (DUMÉZIL, 1958; BOYANCÉ, 1955: 100-107; ABRAVAEV, 1963: 1.041-1.070).

Estas questões interessantes, mas por demais polêmicas, têm sido habilmente contornadas por historiadores como Jacques Le Goff (1965), Georges Duby (1978) ou Daniel Rouche (1979) em favor de outra, bem mais produtiva para os estudos medievais: que motivações sociais e políticas teriam permitido que o esquema tripartido fosse reapropriado de uma maneira tão específica pelos letrados dos primeiros tempos feudais, e que novas motivações teriam permitido que a ideia fosse reatualizada com tanto sucesso pelos séculos seguintes? (LE GOFF, 1980). Torna-se assim necessário, para além de investigar apenas as origens históricas e antropológicas das imagens de base que constituem a teoria da trifuncionalidade, ou mesmo de rastrear os seus princípios medievais em textos carolíngios e ainda mais explicitamente nas primeiras décadas do século XI, examinar sobretudo as causas de sua adoção mais generalizada pela Europa cristã no final do século XI, tal como propõe Daniel Rouche (1979).

Sobretudo, mostrou-se fundamental para os historiadores que examinaram mais sistematicamente a trifuncionalidade medieval verificar como esta imagem se difunde até que termina por penetrar, conforme bem o demonstrou Georges Duby em *As três ordens ou o imaginário do feudalismo*, em uma grande parte das estruturas intelectuais e interinstitucionais da sociedade ocidental nos séculos XI e XII.

Adicionalmente, seria mesmo o caso de verificar a força de tal imagem em períodos posteriores à própria Idade Média, tal como se propôs Duby ao examinar a presença da trifuncionalidade nos textos do teórico político Loyseau, já em pleno século XVII, naturalmente que já sob um novo contexto gerador de novos significados (DUBY, 1982: 13-17). Mas aqui já nos afastamos do nosso tema, que é a relação da trifuncionalidade com a sociedade que se constitui no Ocidente Europeu pela altura da Idade Média Central.

De qualquer modo, para utilizar as próprias palavras de Le Goff, seria precisamente o caso de perceber que, se o tema da trifuncionalidade, até então ausente da literatura cristã, reaparece entre os séculos IX e X, é porque corresponde a uma nova necessidade (LE GOFF, 1980: 76). Mais ainda, conforme veremos mais adiante a partir das próprias colocações de Le Goff, esta imagem conceitual da sociedade teria correspondido não apenas a uma forma de expressão da nova sociedade que se consolidava, mas também a um projeto de agir sobre esta mesma sociedade. Teria se constituído mesmo, Le Goff ousa dizer, em um singular "instrumento de propaganda" (LE GOFF, 1980: 76).

Antes de chegarmos a esta problematização, consideraremos inicialmente algumas das pesquisas sobre o assunto desenvolvidas por Georges Duby, que se empenharam mais especificamente em rastrear com maior precisão alguns elementos, por vezes dispersos, que posteriormente se combinariam em favor da constituição efetiva de uma "teoria da trifuncionalidade" nos já célebres textos de Adalberón de Laon e de Gerard de Cambrai no século XI.

3 As origens

A preocupação inicial de Georges Duby no mais famoso de seus textos sobre a trifuncionalidade – o clássico *As três ordens ou o imaginário do feudalismo* (1978) – liga-se à necessidade de identificar com maior precisão os começos medievais deste pensamento trifuncional que seria tão importante para o desenvolvimento do feudalismo. Dois textos medievais escritos por volta de 1030 – muito claros a respeito desta concepção trifuncional que divide o mundo em *oratores, bellatores* e *laboratores* – parecem de certo modo "partir do silêncio" através das vozes contemporâneas de Adalberón de Laon e Gerardo de Cambrai, dois bispos da França do Norte na primeira metade do século XI (DUBY, 1982: 19). Os começos de uma teoria da trifuncionalidade poderiam ser situados aí, conforme sustenta o historiador francês, o que atesta a importância destes famosos textos que desde tempos mais recuados até tempos mais recentes têm merecido importantes estudos da parte de alguns dos melhores medievalistas (SCHIEFFER, 1937; COOLIDGE, 1965). O texto de Adalberón, para além de sua publicação no *Monumenta Germânica Histórica*, mereceu ainda uma tradução importante para o francês, acompanhada de uma importante tese explicativa (CAROZZI, 1973).

O fato de que a formulação mais precisa da trifuncionalidade medieval surja a partir destes dois textos fundadores não significa, naturalmente, que não apareça em períodos anteriores a ideia de separar mais nitidamente o âmbito religioso do âmbito temporal, ou de delimitar no interior do mundo laico uma oposição entre guerreiros e trabalhadores, ou mesmo de relacionar em um todo mais equilibrado que corresponderia à Cristandade os diversos papéis sociais. Na verdade, estas ideias aparecem dispersas em várias fontes bem anteriores aos textos produzidos pelos bispos da primeira metade do século XI, e cabe ao historiador mergulhar em uma busca problematizada que recua para além das origens das formulações mais precisas da trifuncionalidade.

De acordo com as observações de Georges Duby em um ensaio anterior ao seu livro sobre *As três ordens ou o imaginário do feudalismo*, seria possível identificar indícios de que o pensamento social e político, que em breve conduziria à célebre teoria das três ordens, teria partido inicialmente de uma divisão mais simples, inscrita no quadro de oposições e interações binárias entre o mundo temporal e o religioso (DUBY, 1989b: 31). Assim, é conhecida, por exemplo, uma "carta do Papa Zacarias a Pepino, rei dos francos" – datada de 747 – que já menciona uma clara oposição entre as duas ordens, "os guerreiros e os que oram"[1]. De igual maneira, Agobard – em texto datado de 833 – já explicita ainda mais claramente uma oposição entre as duas ordens: militar e eclesiástica – isto é, entre a *saecularis militia* e o *sacrum ministerium*.

Avançando nas pesquisas desenvolvidas por Georges Duby, a *Vida de São Geraldo de Aurillac*, escrita em 930 pelo aba-

---

1. Fonte 1: ZACARIAS. *Codex Carolinus*, 3. MGH, *Epist. Karolini aevi*, I, p. 480. • Fonte 2: AGOBARD, MGH, *Epist. Karolini aevi*, p. 191-192, apud DUBY, 1989b: 31.

de Odon de Cluny, já mostraria ainda mais sintomaticamente a maturação de uma teoria que busca ordenar os poderes secular e temporal. É de fato a primeira *Vita* cujo herói é um leigo, representante autêntico da *nobilitas* (e não um rei nem um prelado). Intenciona mostrar que um nobre pode chegar à santidade sem depor as armas, tornando-se um *miles Christi* – e com isto almeja conferir à atividade militar, enquanto função específica da nobreza guerreira, um valor espiritual. O personagem São Geraldo de Aurillac teria conseguido unir o exercício do poder à prática da humildade e à preocupação com os pobres. O texto também se mostra como pretexto para uma delimitação das missões do homem armado. Será igualmente útil observar que Odon, como mais tarde também ocorreria com Adalberón de Laon ou Gerard de Cambrai, ainda não utiliza a palavra *miles* para designar o grupo de especialistas de combate (*bellatore*) como será tão comum a partir do século XI[2].

Mas, por fim, começam a certa altura a aparecer os textos que não deixam de prenunciar de algum modo uma teoria da trifuncionalidade.

Os *Miracles de Saint Bertin*, texto hagiográfico escrito no final do século IX, nos mostram uma divisão tríplice, separando dos *oratores* e *bellatores* o "*imbelle vuilgus*"[3].

Estes casos isolados, elementos importantes de uma intertextualidade que deve ser considerada, não alteram contudo o fato de que os textos fundadores – aqueles que os historiadores verificam já explicitarem muito claramente o que poderia ser considerado uma "teoria da trifuncionalidade" – aparecem

2. Odon de Cluny. *Vita Geraldi*, apud DUBY, 1989b: 35.

3. *Miracles de Saint Bertin*, apud DUBY, 1989b: 31.

sintomaticamente depois do ano 1000, precisamente quando começa a se implantar uma sociedade feudal propriamente dita. É assim que, em 1030, dois dos bispos mais influentes da França do Norte – Gerard de Cambrai e Adalberón de Laon – propõem muito claramente o esquema da trifuncionalidade [Gerard de Cambrai: *Oratores, agricultores, pugnatores*; Adalberón de Laon: *Orare, pugnare, laborare*].

Neste ponto, depois de termos acompanhado as pesquisas de Georges Duby visando destacar, de maneira bastante sumária, os discursos que contribuem de alguma maneira para o estabelecimento da ideia de uma partição funcional da sociedade – a princípio uma partição dicotomizada entre os poderes temporal e religioso, e depois uma partição nitidamente trifuncional – será oportuno retomarmos a problematização proposta por Jacques Le Goff. Para o historiador francês, conforme veremos, a difusão da trifuncionalidade relaciona-se claramente com os progressos da ideologia monárquica e com a formação das monarquias nacionais na sociedade carolíngia (LE GOFF, 1980: 76). Desta maneira, a reapropriação medieval da trifuncionalidade corresponderia não apenas a um fenômeno feudal, mas também a um fenômeno associado aos desenvolvimentos das monarquias feudais.

4 A trifuncionalidade e o poder régio

Não é por acaso que Jacques Le Goff, embora também remontando ao século IX, irá buscar em um outro tipo de fontes os começos da trifuncionalidade. Tanto em seu artigo mais antigo intitulado *Notas sobre a sociedade tripartida* (1965), como no capítulo "O rei das três funções" incluído na biografia sobre São Luís (1994), um texto que havia passado desapercebido pelos historiadores chama-lhe atenção (LE GOFF, 1980: 75-84; LE GOFF, 2002: 568-596).

Começa então destacando um acréscimo introduzido, em fins do século IX, na tradução anglo-saxônica da obra *De Consolatione Philosophia* de Boécio (SEDGEFIELD, 1899-1900). O acréscimo, determinado pelo Rei Alfredo o Grande, explicita a ideia de que as três ordens são como que utensílios e materiais necessários à realização da obra monárquica e ao exercício do poder com eficácia (LE GOFF, 1980: 76).

O segundo texto discutido por Le Goff é datado de 995, portanto anterior ao famoso texto *Carmen ad Robertum* do Bispo Adalberón de Laon, que possivelmente foi escrito entre 1025 e 1027. O Monge Abbon de Fleury, em um texto cujo título resumiremos por *Apologeticus adversus* [...], descreve a sociedade como constituída por duas categorias principais, os clérigos e os laicos, sendo que estes últimos se subdividem em agricultores – *agricolae* – e guerreiros, ou *agonistae*. Os dois textos, como observa Le Goff, embora se relacionem também a interesses eclesiásticos, são levados na sua busca de apoio real a fortificar a instituição monárquica. É interessante acrescentar que Abbon de Fleury, tal como mostram os estudos de Roger Bonnaud-Delamare (1951), foi também o responsável pelas condenações pronunciadas na época do primeiro Concílio de Charroux contra "os clérigos excessivamente apegados ao dinheiro ou que combatiam como leigos" (BONNAUD-DELAMARE, 1951: 422). Isso reforça o terreno de separação interfuncional em que ele se movimenta.

Por outro lado, seria oportuno lembrar através de outro trecho do *Apologeticus adversus*, Abbon expressa em outra oportunidade um segundo esquema tripartido que poderíamos denominar "teoria dos três graus".

Tal como enuncia Abbon de Fleury, "entre os cristãos dos dois sexos, sabemos bem que existem três ordens e, por assim dizer, três graus: o primeiro é o dos leigos, o segundo o dos clérigos, e o terceiro o dos monges. Embora nenhum dos três seja isento de pecado, o primeiro é bom, o segundo melhor, o terceiro excelente". Conforme veremos mais adiante, a sutileza do esquema tripartido funcional é que ele substitui esta concepção trinitária anterior, aproximando em uma única ordem os modos de vida de "clérigos" e "monges", e criando uma cisão do mundo laico de acordo com o seu modo de vida dedicado à guerra ou ao trabalho.

Neste momento, contudo, através das oscilações presentes no texto de Abbon de Fleury, percebemos a silenciosa guerra de representações que se trava no discurso eclesiástico.

O terceiro exemplo trazido por Le Goff remete à Polônia do século XII, e é a *Cronica et Gesta Ducum Sive Principum Polonorum* (1113-1116), de um cronista que ficou conhecido como Gallus Anonymus. Ao dividir a população laica, a fonte fala nos *milites bellicosi* e nos *rustici laboriosi*. O texto constrói-se na verdade em apoio ao círculo real de Boleslaw Boca Torta, e é empregado por Le Goff para trazer um elemento de contraste no tempo e no espaço. Segundo suas conclusões, os três textos mostram que, em fins do século IX e princípio do século XII, de um extremo ao outro da comunidade latina, o esquema tripartido está relacionado aos esforços de certos meios laicos e eclesiásticos para consolidar ideologicamente a formação de monarquias nacionais (LE GOFF, 1980: 79).

A definição de cada uma das três ordens no conjunto de textos coloca para Jacques Le Goff questões bastante interessantes. A ordem clerical, tendo por função principal a oração, expressa na verdade a capacidade de assegurar para a comunidade, através do exercício profissional da oração, o auxílio divino. A ordem dos *bellatores*, que tenderá a partir do século XII a ser expressa com o termo *milites*, é especializada na luta. Ressalta-se que a consolidação da ordem dos *bellatores* entre os séculos IX e XIII corresponde ao aparecimento de uma nova nobreza e à preponderância da função guerreira nesta nova aristocracia (LE GOFF, 1980: 79). Mais problemas são colocados pela ordem dos *laboratores*. Quem seriam?, pergunta Le Goff. Os textos falam nos *agricolae*, nos *rustici*. Por outro lado, no seu sentido mais abrangente o termo *laboratore* referir-se-ia a todo o restante da sociedade – excetuando-se o clero, os *bellatores*. Neste sentido estendido, aliás, seria oportuno lembrar uma acepção que frequentemente aparece em algumas capitulares carolíngias, onde *labor* é definido por oposição ao "patrimônio herdado".

Niermeyer, em um artigo publicado na revista *Moyen Age* intitulado "A marge du noveau Ducange" (1957), mostra exemplos tanto de *labor* sendo empregado na acepção de "trabalho agrícola", como na acepção que está registrada na Capitular *De partibus Saxoniae* (785), onde designa "o fruto de toda atividade aquisitiva oposta ao patrimônio herdado" (NIERMEYER, 1957).

Há por fim uma acepção, também discutida por Jacques Le Goff, em que a ordem *laboratore* referir-se-ia não a todos os agricultores, mas somente a uma elite dentro do próprio conjunto de camponeses – e neste caso o esquema trifuncional estaria se referindo apenas aos melhores da Cristandade: os *ordos oratore* e *bellatore* e a parte dos camponeses dignificada pelo seu trabalho e condição social mais elevada do que a dos trabalhadores agrícolas para baixo de um determinado nível de dependência. Aqui, o esquema tripartido não abrangeria, portanto, toda a sociedade, mas apenas os grupos sociais dignificados, por oposição a toda uma imensa gama de categorias que ficaria de fora.

A posição do rei no esquema tripartido é bastante singular. Rei dos *oratores*, ele não deixa de participar ao seu modo da natureza e dos privilégios eclesiásticos e religiosos. Rei dos *bellatores*, ele é o primeiro dos guerreiros, e nesta função concretiza certas ambivalências que dele fazem tanto um rei feudal – um *primus inter pares* que se apresenta como a "cabeça" da aristocracia militar – como também alguém que é colocado fora e acima dela. Uma avaliação mais completa do esquema poderia ainda situá-lo como o ponto de confluência das três ordens, e o aspecto de "rei dos *laboratores*" apresenta-se como a função régia de garantir a ordem econômica e assegurar a prosperidade material (LE GOFF, 1980: 80).

A imagem do rei como aquele que participa simultaneamente das três ordens ajuda a compreender, particularmente, que a função do esquema tripartido seria representar a harmonia, a "interdependência", a solidariedade entre as ordens. E explica também, conforme propõe Le Goff, o sucesso crescente que apresentaria a imagem do "rei" – árbitro que harmoniza todas as ordens – em relação à imagem de "imperador", condenada por uma dualidade "império" *versus* "papado" que se fundava na irrealizável distinção entre espiritual e temporal (LE GOFF, 1980: 83).

O modelo do rei trifuncional também permite compreender governantes concretos da Idade Média, ou pelo menos as suas idealizações, e foi esse um dos objetivos de Jacques Le Goff ao dedicar-se a escrever um capítulo sobre a trifuncionalidade régia em sua biografia sobre *São Luís* (1996).

Através deste rei modelar, Le Goff permite-se captar precisamente a singularidade da trifuncionalidade medieval, notando que, ao contrário do que ocorrera na Índia Antiga e na Roma das origens, os reis medievais não apareciam habitualmente, à maneira dos deuses, caracterizados por uma ou outra das três funções – rei essencialmente legislador ou guerreiro, ou então fiador da prosperidade – mas sim um rei que reúne todas as funções em si (LE GOFF, 2002: 369). Mesmo que permanecendo em muitos casos como um horizonte imaginário ou idealizado, era este o modelo – um modelo que podia ser encontrado, por exemplo, nos *Espelhos de príncipes* do período.

5 A trifuncionalidade e os movimentos religiosos de seu tempo

A contribuição de Le Goff mostra-se particularmente importante no que concerne aos relacionamentos e interações da teoria da trifuncionalidade com a ideologia régia e os desenvolvimentos monárquicos, além das implicações econômicas que também são aventadas pelo historiador francês. Por outro lado, as análises de Georges Duby adquirem uma importância significativa em outras direções: ele examina a posição da teoria da trifuncionalidade no interior de um grande movimento produzido pela combinação das necessidades institucionais da Igreja com as necessidades religiosas do período de expansão feudal.

A "trifuncionalidade" é uma peça decisiva para esse grande movimento que apresenta como manifestação importante, na primeira metade do século XI, as campanhas conciliares da "Paz de Deus", e que irá culminar com a Reforma Gregoriana e com as Cruzadas no século XII. Neste contexto, tanto a "Paz de Deus" como a teoria da trifuncionalidade, constituirão aspectos importantes para a renovação da noção de "laicato", a partir de proposições geradas no seio da própria Igreja[4]. Uma excelente síntese destas relações está registrada no ensaio "Os leigos e a paz de Deus", escrito por Duby em 1966 e depois incorporado ao conjunto de ensaios publicado sob o título de *A sociedade cavaleiresca* (1979) (DUBY, 1989b: 80).

Visto desta perspectiva, a solução de Duby para compreender o essencial da trifuncionalidade difere das proposições de Le Goff, embora os dois posicionamentos não sejam propriamente antagônicos e possam mesmo serem trabalhados complementarmente. Enquanto Jacques Le Goff enfatiza a reapropriação da teoria da trifuncionalidade pela ideologia monárquica, Georges Duby a examina como parte integrada de um sistema ideológico produzido pela própria Igreja em apoio ao seu projeto universal de conduzir os rumos da Cristandade e, sobretudo, de se pôr a salvo dos confrontos com os poderes temporais e de eventuais violências produzidas pela fragmentação dos poderes feudais nas mãos dos cavaleiros. O cenário da consolidação do imaginário trifuncional é, portanto, um mundo vazado transversalmente por conflitos e comoções de toda ordem, como nos mostra o historiador R. Fossier (1973: 45-50).

É das *Histórias* de Raul Glaber – fontes que foram atentamente examinadas por Georges Duby em sua obra sobre *O ano mil* (DUBY, 1992) – e particularmente das suas descrições do movimento da Paz de Deus no princípio do

4. Sobre esta questão, cf. DUBY, 1976.

século XI, que Duby parte para mostrar que mesmo os contemporâneos da teoria trifuncional puderam perceber todo este movimento que se inicia com a Paz de Deus como um esforço inicial dos altos dignitários de Igreja para "subtrair esta às pressões do temporal, para situá-la, deste modo, em posição dominante e torná-la capaz de uma missão que um dia pertencera à realeza", ao menos no período de centralismo carolíngio: conduzir os destinos do povo cristão (DUBY, 1989a: 80).

Reinserida neste processo, a trifuncionalidade irá ser vista como parte de um movimento que decorre dos desafios da Igreja diante da necessidade de enfrentar a decomposição das instituições públicas carolíngias, mesmo que em momento posterior – como veio a propor Le Goff – a teoria da trifuncionalidade possa ter atendido também aos propósitos de gradual centralização em torno da figura do rei. Na análise que Duby desenvolve para integrar a trifuncionalidade em um movimento mais amplo que inclui outros fatores importantes – como a Paz de Deus ou a Reforma Gregoriana – parte-se da constatação de que o poder temporal estava, nos anos 990, nas mãos dos poderes locais. Estes exerciam prerrogativas de comando que outrora lhes foram delegadas pelo soberano carolíngio, e que agora eles detinham por direito hereditário.

Julgar e punir neste contexto era uma oportunidade para os senhores laicos arrecadarem da população taxas bastante lucrativas, as *consuetudines*.

Por outro lado, a Igreja possuía imunidades que lhe haviam sido concedidas pelos soberanos carolíngios, mas como o enfraquecimento da autoridade real praticamente tornara sem efeitos os diplomas de imunidade, agora os senhores laicos começavam a sujeitar cada vez mais a Igreja aos seus poderes. Na Gália Meridional, inclusive, os condes detinham o direito de nomear para as mais altas dignidades eclesiásticas, além de dispor das sedes episcopais e das funções abaciais (DUBY, 1989a: 39).

O programa eclesiástico que iria se seguir – e que termina por abarcar a teoria da trifuncionalidade como um de seus itens – representará precisamente o desejo de uma parte da Igreja em resistir aos poderes temporais. Um dos seus mais fortes pontos de apoio será o clero não comprometido com as práticas simoníacas, isto é, que não poderia ter qualquer interesse na sujeição da Igreja pelos poderes temporais locais.

Neste sentido, despontará o papel de Cluny. Compreende-se também por que uma questão vital, para este complexo processo de afirmação da Igreja perante os poderes temporais, estará na chamada Reforma Gregoriana, que começará a ser realizada de forma mais intensa entre 1150 e 1226. Um dos itens programáticos mais importantes desta reforma estará precisamente na libertação da Igreja em relação às interferências temporais, o que inclui desde a perseguição às práticas simoníacas (compra e venda de cargos eclesiásticos) até o estabelecimento do direito exclusivo da Igreja nomear suas próprias autoridades. Para além disto, a exigência de celibato aos padres da Igreja, outro ponto prioritário da Reforma Gregoriana, constitui mais uma maneira de afastar o clero das relações seculares, para além de salvaguardar a Igreja de dispersões patrimoniais.

Os lances de oposição entre Igreja e papado, por fim, também acompanham este mesmo processo.

6 A trifuncionalidade diante das mudanças de comportamento

Todos os aspectos acima destacados, pode-se sustentar sem maiores dificuldades, constituem parte de um único movimento cuja expressão institucional mais imediata é a Reforma Gregoriana, esta enfrentando passo a passo as questões da época que poderiam afetar a consolidação da Igreja como única instituição que, do ponto de vista da cúria papal, deveria estar habilitada a conduzir os destinos da Cristandade. Os grandes lances desta reforma papal e institucional aparecem como um jogo de xadrez habilmente disputado: da luta papal contra o tráfico das dignidades eclesiásticas e contra o concubinato dos padres locais, passa-se com Humbert de Moyenmoutier ao "questionamento das investiduras", até se chegar à *libertas* de Gregório VII, que estabelecia ao mesmo tempo a independência em relação ao imperador e o direito exclusivo de julgar a sociedade cristã (VAUCHEZ, 1995: 58).

Obviamente que nem todas as motivações que movem este complexo xadrez devem ser buscadas no cálculo cuidadoso e nas estratégias político-institucionais que foram habilmente conduzidas pelos papas e através do apoio das lideranças de Cluny, estas que constituíram em algumas oportunidades um braço importante e vigoroso das medidas reformistas. Em vista disto, historiadores mais especificamente interessados na história das sensibilidades – e mais em uma história religiosa do que em uma história da Igreja propriamente dita – chamam atenção para o fato de que fatores ligados ao plano das sensibilidades e das mudanças nos comportamentos religiosos também devem aqui ser considerados. Conforme demonstram pesquisas realizadas por medievalistas como André Vauchez, é digno de nota que, por volta do ano 1000, no momento em que se prepara simultaneamente o clima reformista e surgem as primeiras formulações trifuncionais, o advento do milênio e a perspectiva do final dos tempos também fariam surgir em muitos espíritos o "desejo de apresentar a Deus uma Igreja sem mácula" (VAUCHEZ, 1995: 57). Separar a Igreja do século mais claramente, colocá-la a salvo das relações mundanas que podiam corrompê-la, salvaguardar a sua independência em um mundo que aguardava o fim dos tempos, não deixa de constituir um dos contrapontos mentais que devem ser considerados para a compreensão deste ambiente que gera simultaneamente os primeiros esboços da teoria da funcionalidade e uma vigorosa reforma monástica encabeçada por Cluny. Desta maneira, André Vauchez (1994) sustenta a ideia de que, para compreender esta luta que se trava no interior da Igreja e no seu em torno, é preciso situá-la também em uma perspectiva escatológica. Assim, se combater o concubinato dos padres logo seria uma questão fundamental para reformadores gregorianos que se preocupavam com a dispersão patrimonial através de heranças, desde o século X, na Abadia de Cluny, procura-se desenvolver uma espiritualidade eucarística baseada em um novo modelo de pureza para se aproximar. É em vista disto que Odon de Cluny, no seu poema *Occupatio*, fizera da castidade uma necessidade absoluta para aqueles que pretendessem se dedicar à vida monástica, afirmando-se aqui uma incompatibilidade efetiva entre o concubinato e a função sacerdotal.

Apartar-se do mundo – o caminho do monge – era portanto uma via segura para a salvação. Por outro lado, em outros setores da Igreja, e na medida em que nos afastamos das expectativas mais radicalmente escatológicas do início do milênio, "a espera inquieta da catástrofe última daria lugar ao desejo de construir *hic et nunc* o Reino de Deus". É assim que, não só entre os reformadores gregorianos como também em certos setores da religiosidade mesmo laica, uma nova alternativa seria proposta ao nível da escatologia. Para retomar as palavras do historiador André Vauchez, começa a se consolidar este desejo de "agir diretamente sobre o mundo para torná-lo de acordo com a vontade divina" (VAUCHEZ, 1995: 58).

Esta nova perspectiva permitirá recolocar a questão das relações entre a teoria da trifuncionalidade e a reforma religiosa em toda a sua complexidade. Embora fosse quase consensual entre os clérigos e monges ligados à orientação papal que urgia delimitar muito claramente o espaço religioso do espaço temporal, de um lado se afirmaria uma corrente que logo levaria a Igreja a intervir cada vez com maior frequência nos assuntos seculares. De outro lado, eclesiásticos como o bispo Gerard de Cambrai – um dos dois primeiros formuladores do esquema trifuncional – eram de opinião que os religiosos afastavam-se do papel que Deus lhes havia destinado quando se ocupavam de questões temporais. Em vista disso, diante do movimento que ficaria conhecido como "Paz de Deus" – e que de certo modo buscava substituir uma autoridade real em decadência visando organizar o mundo social – Gerard de Cambrai sustentaria que cabia aos governantes temporais e não à Igreja garantir a ordem pública.

Isso nos mostra um dado importante a ser considerado. A teoria da funcionalidade surge no âmbito de uma Igreja que clama por uma delimitação bem nítida entre a esfera religiosa e o mundo laico, e que logo se aperfeiçoa no sentido de prever uma separação igualmente nítida entre as funções *bellatore* e *laboratore*. Mas quanto ao tipo de relação que esta Igreja – definida como um corpo em separado – deveria estabelecer com referência às duas demais ordens pertencentes ao mundo laico, aí se abriam duas alternativas: o isolamento e a ação no mundo. A trifuncionalidade permitia, assim, muitas leituras, e isto não passou desapercebido aos seus contemporâneos e aos seus idealizadores. Com relação à "Paz de Deus", um movimento surgido na Igreja e que se propunha a agir sobre o mundo, Adalberón de Laon e Gerardo de Cambrai representam posições diametralmente opostas, embora ambos estejam na raiz da primeira explicitação de uma teoria da trifuncionalidade medieval.

A Paz de Deus ainda nos leva a refletir sobre as posições extremamente ambíguas da Igreja em relação à aristocracia guerreira e à sua função *bellatore*. Os *miles* podiam ser, em relação à Igreja, desde ameaças até aliados. Por outro lado, é extremamente sintomático que tenha sido por ocasião de uma assembleia da paz, realizada em Clermont em 1095, que o Papa Urbano II – um antigo monge de Cluny – tenha lançado o apelo que daria origem à primeira das Cruzadas do Ocidente contra o mundo islâmico do Oriente. De igual maneira, é também do *ordo bellatore* que a Igreja lança mão para consolidar o seu projeto de expansão da unidade cristã, quando Inocêncio III em 1209 lança o apelo para que soberanos e cavaleiros do norte da França organizem uma Cruzada dirigida contra a heresia cátara que começava a se expandir na região do Languedoc francês.

7 Balanceando as diversas perspectivas

Para retornar à questão mais específica das origens da trifuncionalidade e de sua interação subsequente com outros movimentos como a "Paz de Deus" e a "Reforma Gregoriana", pode-se dizer que, nos seus primórdios, o último e amplo movimento acima descrito corresponde a uma clara necessidade da Igreja de proteger-se contra a violência e as intrusões dos novos poderes laicos. Isso implicava, naturalmente, assegurar uma separação mais bem definida, na vida social e nos estatutos jurídicos, entre os leigos de um lado, e os clérigos e monges, de outro. É importante ressaltar que na verdade este impulso de separar muito claramente o âmbito religioso e o âmbito temporal, tal como demonstra o próprio Georges Duby em outro texto intitulado "As origens da cavalaria" (1968), tem precedentes anteriores que remontam ao próprio período carolíngio – onde a Igreja viu-se na necessidade de afirmar sua identidade e autonomia perante os poderes dos soberanos carolíngios.

Mas é com o novo contexto de fragmentação dos poderes, que regerá o surgimento da sociedade feudal, que esta necessidade torna-se ainda mais premente, e agora localizada no plano dos poderes locais, de modo que é precisamente neste momento que começa a tomar forma uma "teoria da trifuncionalidade".

A emergência de uma teoria que busca clarificar definitivamente a separação entre o âmbito religioso e o âmbito laico – e depois uma nova divisão entre *bellatores* e *laboratores* dentro deste último âmbito – situa-se, portanto, na confluência entre as necessidades dos estabelecimentos religiosos enfrentarem os poderes locais de seu tempo, e a necessidade de se reagir contra uma história anterior que havia se misturado estreitamente nas estruturas carolíngias as ideias de Igreja e Cristandade, chegando até mesmo confundi-las na "pessoa real" (DUBY, 1976: 39).

Desta maneira, o rastreamento empreendido por Duby das fontes medievais que precedem a teoria da trifuncionalidade mostra que, primeiro, teria surgido uma necessidade de maior explicitação da divisão entre o âmbito religioso e o âmbito laico – portanto ainda uma oposição binária –, mas que logo ficaria claro que seria útil subdividir o âmbito laico entre aqueles que representam os poderes dominantes, os 'guerreiros', e aqueles que trabalham, notando-se que os grandes estabelecimentos monásticos também viviam da exploração desta imensa mão de obra agrícola que lhes assegurava a subsistência e o lugar da Igreja, no seu conjunto, como a maior proprietária fundiária da época. Nota-se, aliás, que se a teoria da trifuncionalidade aprimora esta divisão do mundo laico em *bellatores* e *laboratores*, no que se refere ao âmbito religioso a sua tendência seria, ao contrário, a de aproximar "as duas principais *ordines* dos esquemas sociológicos carolíngios", a dos clérigos e a dos monges (DUBY, 1976: 41). A Igreja mostra-se já aqui como um corpo que se quer manter à parte.

Esta aproximação entre os modos de vida do monge e do clérigo secular, de modo a constituir efetivamente a noção mais fortemente enraizada de uma nova ordem – a dos *oratores* –, não se fez naturalmente sem resistências e lutas internas que se deram no próprio seio do mundo eclesiástico. Afinal, o caminho do monge e o do clérigo eram até então considerados coisas distintas. Exemplo disto são os protestos de padres milaneses que, pretendendo se opor à Reforma Gregoriana, acusaram o papado de querer impor aos clérigos seculares um modo de vida e um conjunto de exigências morais que não corresponderiam à vocação específica do seu ordo. Invocavam, como se pode entrever, um esquema tripartido anterior, que vimos mencionado na "teoria dos três graus" apresentada por Abbom de Fleury no seu *Apologeticus adversus*. Este esquema categorizava, como se fossem de certo modo degraus diferenciados, a espiritualidade leiga, o caminho dos clérigos e o caminho dos monges, sendo este último o mais perfeito. Adaptar o modo de vida clerical dos padres à espiritualidade monástica desta maneira era uma operação que não podia se dar assim tão fácil.

As pesquisas de Georges Duby sobre a "teoria da trifuncionalidade", enfim, apresentam o mérito inquestionável de, por um lado, situá-la diante de um tempo em transformação, e de, por outro, situá-la dentro de uma rede intertextual que remete a formulações anteriores, embora não propriamente trifuncionais. Através desta rede é possível verificar como os propósitos das diversas formulações que antecedem a trifuncionalidade não se situam apenas no campo dos desejos de assegurar para a Igreja o lugar de um corpo à parte, mas também no campo da vontade de situá-la acima, de definir as outras duas ordens em relação a ela. É assim que já veremos nas *Collationes*, escritas por volta de 930 pelo Abade Odon de Cluny, a afirmação de que "os poderosos recebem de Deus a espada, não para maculá-la, mas sim para perseguir aqueles que vão contra a autoridade da Igreja oprimindo os pobres" (DUBY, 1989b: 33).

Um balanço comparativo, enfim, nos permitirá avaliar complementarmente as proposições de Georges Duby e Jacques Le Goff acerca da teoria da trifuncionalidade. A teoria, concebida como uma concepção sujeita a múltiplas reapropriações, é vista por ambos como uma concepção que se constrói diante dos desafios de sua época, e que denota um projeto de agir sobre a sociedade. No caso de Georges Duby, que procura analisar as formulações trifuncionais tanto no contexto de sua época como no interior de uma rede intertextual, a ênfase está nas possibilidades apresentadas pela teoria da trifuncionalidade com vistas a atender aos interesses da Igreja de se colocar como um corpo à parte e perfeitamente protegido, pronto a se beneficiar das duas ordens que constituem o mundo laico. Já no caso de Jacques Le Goff, a ênfase dirige-se aos modos como a teoria da trifuncionalidade foi reapropriada com o objetivo de fortalecer também a instituição monárquica. Ambas as posições, na verdade, interagem complementarmente, e permitem avaliar a trifuncionalidade como fenômeno complexo, que atende aos diversos interesses sociais e políticos de seu tempo, sem deixar de dialogar com outras épocas através da rede intertextual em que se inscreve.

8 A trifuncionalidade: suas variações e ambiguidades

Seria oportuno destacar ainda que o esquema tripartido não se adaptou em todas as sociedades da Cristandade Ocidental, ainda que tenha desempenhado uma função simbólica importante mesmo nas regiões onde não podia se concretizar funcionalmente. Vale lembrar as observações de José Mattoso sobre a medievalidade portuguesa, e Ibérica de modo mais abrangente. A ideia de uma trifuncionalidade mais ou menos fechada, conforme indica o historiador português, não teria paralelo na Península Ibérica da Reconquista, onde o combate a cavalo era tantas vezes feito por não nobres (MATTOSO, 1986).

De igual maneira, convém lembrar que a teoria da trifuncionalidade – que em regra impunha um esquema de segregação entre ordens que corresponderiam a funções distintas – também permite nos seus interstícios as ambiguidades e fusões funcionais. O exemplo mais conhecido é o das "ordens militares", que unem em uma única pessoa as ordens *oratore* e *bellatore*. Existem por outro lado estudos que procuram mostrar que não estavam tão distantes as representações produzidas na ordem *bellatore* e na ordem *oratore*. É o que discute B.H. Rosenwein, em um ensaio intitulado "Feudal war and monastic peace: Cluniac liturgy as ritual agression", onde se mostra a interpenetração das representações guerreiras na vida monástica através do miles que, ao entrar para um mosteiro, abandonava seu cavalo e sua espada para passar a empunhar armas espirituais infinitamente mais eficazes que o mundo (ROSENWEIN, 1971: 129ss.).

A questão da relação do *ordo oratore* com o *ordo laboratore* é ainda mais complexa. Sendo uma das maiores proprietárias fundiárias de seu tempo, a Igreja vivia da exploração dos trabalhadores da mesma maneira que os senhores. Mesmo quando os monges conseguiam efetivamente realizar a sua vida individual de pobreza, isto contrastava radicalmente com a riqueza coletiva do seu mosteiro, que por vezes administrava imensos domínios que submetiam os trabalhadores a condições tão duras como ocorria em qualquer propriedade senhorial. Por outro lado, a antiga Regra de São Bento preconizava uma divisão em três do tempo: o dia de um monge deveria ser repartido em um terço para a contemplação individual e as preces coletivas, um terço para o trabalho manual, e outro terço para o trabalho intelectual. Embora a maioria dos mosteiros procurasse orientar-se pela regra beneditina, a verdade é que por volta de

1100, nas abadias ligadas a Cluny, os monges quase já não desempenhavam trabalhos manuais, a não ser o serviço especializado de copistas e iluminadores de manuscritos. A difusão da teoria da trifuncionalidade, ao definir monges e clérigos a partir da função *oratore*, praticamente reforçava esta tendência que estava bem amparada pela própria riqueza eclesiástica: o monge não trabalhava porque não precisava – já que o mosteiro contava com milhares de *laboratores* à sua disposição e além de tudo estava frequentemente recebendo doações – e também porque a concepção trifuncional da sociedade legitimava perfeitamente a sua vida contemplativa e oracional.

Um novo tipo de monaquismo iria surgir no século XII propondo precisamente uma revalorização do trabalho. Os monges cistercienses, tendo como nome mais ilustre Bernardo de Clairvaux, iriam empreender precisamente uma crítica ao monaquismo cluniacense com base na opulência dos mosteiros de Cluny e na recusa de seus monges ao trabalho.

No esquema tradicional da trifuncionalidade, pode-se dizer que os monges brancos de Cister conseguiram concretizar uma participação nas duas ordens – a dos *oratores* e *laboratores* – e de fato incluíram no seu ideal de vida monástica a realização de trabalhos efetivos e úteis. Embora continuassem administrando propriedades que abrigavam agricultores dependentes, eles mesmos frequentemente trabalhavam e foram até os responsáveis pela descoberta de novas técnicas de trabalho agrícola.

De igual maneira, também em movimentos oriundos do mundo laico poderemos encontrar as interpenetrações entre as ordens *laboratore* e *oratore*. Exemplo é o grupo dos Humiliati – surgidos em Milão por volta de 1175 – e que na sua origem eram tecelões que levavam uma vida em comum repartida entre o trabalho e a oração. Seu ideal apostólico incluía o trabalho, a oração, a vida austera, e uma vida pastoral que logo os conduziu a pregar em público sem autorização da igreja local, razão pela qual foram excomungados em 1184 pelo decreto *Ad abolendam*. Mais tarde Inocêncio III os reintegrou à Igreja (1199), dentro de um conjunto mais amplo de estratégias que visavam considerar a possibilidade de integrar à Igreja as heresias que eram caracterizadas por meras questões disciplinares, como a intenção de pregar sem a devida autorização eclesiástica. Os humilhados constituíram suas práticas religiosas e suas vidas cotidianas efetivamente no entrecruzamento das ordens *laboratore* e *oratore*. André Vauchez, ao analisar a sua posição no quadro da *Espiritualidade na Idade Média Ocidental*, considera que eles não deixam de ser "o primeiro agrupamento leigo a ter associado a uma vida de oração intensa um trabalho concebido como um meio autêntico de existência" (VAUCHEZ, 1995: 108).

À parte as interpenetrações concretas e imaginárias entre as ordens, é sempre importante ressaltar que a distância entre clérigos e leigos, que a teoria da trifuncionalidade procura estabelecer com tanta nitidez, encontraria mesmo uma expressão concretizada na arquitetura interna das igrejas. No século XII, lembra André Vauchez, apareceria a *jube*, "vasta barreira de pedra, ornada de esculturas, que isolava os clérigos agrupados no coro dos fiéis reunidos na nave" (VAUCHEZ, 1995: 63). Com estas modificações arquitetu-rais, poderíamos acrescentar, a trifuncionalidade medieval, ou o registro da passagem desta noção através da história, concretiza-se definitivamente no espaço.

Referências

Fontes

CAMBRAI, G. (s.d.). *Oratores, agricultores, pugnatores*, MGH, SS VII, p. 485.

GLABER, R. (1886). *Les cinq livres de ses histoires* (900-1044). Paris: Maurice Proux.

LAON, A. (1979). *Poeme au Roi Robert*. Paris: [s.e.].

SEDGEFIELD, W.J. (org.) (1899-1900). *King Alfred's Old English Version of Boethius "De Consolatione Philosophiae"*. Oxford: [s.e.].

Bibliografia

ABRAVAEV, V.I. (1963). "Le cheval de Troie – Parallèles caucasiens. *Annales ESC*, p. 1.041-1.070.

BATANY, J. (1963). "Des 'trois functions' aux 'trois États'". *Annales ESC*, p. 933-938.

BONNAUD-DELAMARE, R. (1951). *Les institutions de la paix*. Paris: Mélanges Halphen.

BOYANCÉ (1955). "Les origines de la réligion romaine: theories et recherches récentes". *L' Information Littéraire*, VII, p. 100-107.

CAROZZI, C. (1973). *"Carmen ad Rodbertum regem" d' Adalberón de Laon*. Paris: Université de Paris.

COOLIDGE, R.T. (1965). "Adalbero, Bishop of Laon". *Studies in Medieval and Renaissance History*, II. [s.l.]: Arizona State University.

DUBY, G. (1992). *O ano mil*. Lisboa: Ed. 70 [original: 1967].

______ (1989a). "Os leigos e a paz de Deus". *A Sociedade Cavaleiresca*. São Paulo: Martins Fontes.

______ (1989b). "As origens da cavalaria". *A Sociedade Cavaleiresca*. São Paulo: Martins Fontes [Texto original publicado em *Ordinamenti militar nell'alto medioevo*. Espoleto: La Sede Del Centro, 1968, p. 739-761].

______ (1982). *As três ordens ou o imaginário do feudalismo*. Lisboa: Estampa.

______ (1976). "Gerard de Cambrai, la paix et les trois fonctions sociales. 1024". *Résumé des Actes de l'Académie des Inscriptions et Belles-Lettres*. Paris: [s.e.].

DUBUISSON, D. (1978). "Le roi indo-européen et la synthèse de trois functions". *Annales ESC*, p. 21-34.

DUMÉZIL, G. (1958). *L'Ideologie tripartite des Indo-Européens*. Bruxelas: [s.e.].

FOSSIER, R. (1973). "Remarques sur l'étude des commotions sociales aux IX et XII siècles". *Cahiers de Civilisation Médievale*, 16, p. 45-50. Paris.

LANDES, R.; GOW, A. & VAN METER, D.C. (2003). *The Apocalyptic Year 1000*: Religious Expectation and Social Change, 950-1050. Nova York: Oxford University Press.

LE GOFF, J. (2002). "O rei das três funções". *São Luís*: biografia. Rio de Janeiro: Record, p. 568-596 [original: 1996].

______ (1994). *O imaginário medieval*. Lisboa: Estampa, p. 11.

______ (1980). "Nota sobre sociedade tripartida, ideologia monárquica e renovação econômica na Cristandade do século IX ao século XII". *Para um novo conceito de Idade Média*. Lisboa: Estampa [original: Gallimard, 1977].

______ (1979). "Le trois fonctions indo-européenes, l'historien et l'Europe féodale". *Annales ESC*, p. 1.184-1.215.

MATTOSO, J. (1986). *Identificação de um país* – Ensaio sobre as origens de Portugal: 1096-1325. 2 vols. Lisboa: Estampa.

NIERMEYER, J.F. (1957). "A marge du noveau Ducange". *Moyen Age*. Paris: [s.e.].

ROSENWEIN, B.H. (1971). "Feudal War and Monastic Peace: Cluniac liturgy as ritual agression". *Viator* II, p. 129-157.

ROUCHE, M. (1979). "De l'Orient a l'Occident – Les origines de la tripartition fonctionelle et les causes de son adoption par l'Europe chrétienne à la fin du XI siècle". *Occident et Orient au X siècle*, p. 321-355. Paris.

SCHIEFFER, T. (1937). "Ein Deutscher Bishof des 11 ihd, Gerard de Cambrai (1012-1051)". *Deutscher Archiv*. Berlim: [s.e.].

VAUCHEZ, A. (1995). *A espiritualidade na Idade Média Ocidental*: séculos VIII a XIII. Rio de Janeiro: Zahar [original: Seuil, 1994].

4

Papado e império na Idade Média: dois projetos em conflito*

Papado e *império* na Idade Média. Eis aqui dois projetos universais para uma mesma Cristandade Ocidental que começa a se consolidar desde os primórdios medievais. Do jogo de avanços e recuos entre os poderes conquistados por cada um destes dois projetos – um jogo político tão intenso e vívido na Idade Média, mesmo que algumas vezes apenas ao nível do imaginário – não parecerá haver grandes resquícios à medida que se adentra a Modernidade. De fato, quanto mais nos afastamos da Idade Média, o "Império" parece se dissolver mais e mais na história, convertendo-se a princípio em mera ficção política, desaparecendo a seguir, apesar da sua polêmica ressurgência em projetos políticos bem posteriores, tal como ocorreria com o projeto ariano do *III Reich* proposto pelos nazistas já em pleno século XX.

Falaremos aqui, naturalmente, de uma ideia muito específica de Império – ancorada em uma história que remonta ao Império Romano e à constituição do Império Carolíngio por Carlos Magno – e não dos inúmeros impérios ou ideias

---

* Originalmente publicado na Revista *Brotéria* - Cristianismo e Cultura, vol. 170, mar./2010, p. 239-259. Lisboa.

de império que puderam estimular até mesmo o soberano da Etiópia contemporânea a se conclamar imperador.

À parte quantas ideias de império surjam e ressurjam no mundo contemporâneo, e à parte quantos e quantos soberanos almejem ser chamados pelos seus súditos de "imperadores", a questão é que a ideia de um "império universal", é disto que aqui se trata, já dificilmente se sustenta em um mundo que parece extrair a sua própria substância da diversidade e da exploração, às vezes brutal, desta mesma diversidade.

Enquanto isso o papado, por sua vez, prossegue neste mesmo mundo que já se vê dividido em inúmeras instituições eclesiásticas a partilharem o universo religioso no Ocidente cristão. Eis aqui uma instituição mais duradoura que foi forçada a se adaptar mais consistentemente à compreensão dos limites de suas antigas ambições universalistas.

O presente ensaio propõe-se a examinar, em torno das ideias de *império* e de *papado*, a história de uma oposição que assinalou uma presença significativa e recorrente no decurso de toda a Idade Média.

Principiaremos por uma tentativa de compreender, em suas definições mais irredutíveis, em que ideias fundamentais e bases históricas ancoravam-se em cada um destes dois projetos, até que ambos começam a entretecer – em um Ocidente Medieval em constante mutação – uma história de alianças e conflitos políticos cuja compreensão é certamente fundamental para um entendimento mais pleno da própria história medieval.

1 Império e Igreja como projetos universais

A oposição entre império e papado no decurso da Idade Média – bem como suas interações várias – desenvolveu-se de maneira particularmente complexa sob o signo de dois grandes projetos que se postulavam como universais: o de uma Igreja Romana que passaria a se apresentar na Europa Medieval como o grande fator da unidade da Cristandade Ocidental, e o de um império do Ocidente que já não existia mais a partir da deposição de Rômulo Augusto em 476 d.C., mas que a partir daí nunca deixaria de pairar sobre o imaginário político dos novos reinos que, nesta parte ocidental do antigo Império Romano, dava agora origem aos inúmeros reinos europeus. Esta história deve ser recuperada a partir de seus primórdios, que remontam à Antiguidade Romana.

Impérios e domínios imperiais sempre existiram na história do mundo: do Império Persa ao domínio dos antigos atenienses sobre inúmeras cidades-estados na Grécia Antiga, isso apenas para citar dois exemplos entre tantos. A ideia de "império", antes de qualquer coisa, sempre esteve associada à ideia de um poder exercido sobre vários povos. Frequentemente, o poder imperial nas suas diversas manifestações históricas esteve associado a ideias como a de "expansão", "domínio absoluto" sobre determinado conjunto de territórios, ou ao menos de um poder que é reconhecido por outros poderes (daí a relação possível entre Império e Reino, à qual retornaremos oportunamente).

Com o desenvolvimento histórico do Império Romano, contudo, e particularmente quando este adota o cristianismo como religião oficial a partir de Constantino – aqui se reforçando o projeto imperial pelo contraponto de um segundo projeto totalizador, que era o de uma religião que se pretendia a única capaz de conduzir à salvação da alma – um novo matiz vinha se juntar a esta ideia: o de universalidade. Em que pese que o Império Romano tenha sempre se confrontado no plano político com outras realidades políticas que também se postulavam como imperiais, a verdade é que a aliança com o cristianismo nos últimos séculos da Antiguidade Romana reforçara a ideia de um império universal, que almeja estender sobre todos o seu domínio, e sobre os seus eleitos uma proteção igualmente universal. Contudo, precisamente neste momento histórico em que a ideia de universalidade cristã vem ao encontro da ideia de universalidade imperial, o poder de Roma já não era o mesmo. Uma série de processos históricos que aqui não poderão ser abordados, e dos quais a pressão e entrada no Império Romano de inúmeros povos é apenas um dos muitos fatores, terminou por produzir uma ruptura que separou de um lado o chamado Império Romano do Ocidente, e de outro o chamado Império Romano do Oriente (futuro Império Bizantino). Estes eventos trouxeram uma complexidade peculiar: havia agora dois Impérios com projetos universais similares, com uma base cristã em comum, e edificados sobre uma cultura e história comum. Adicionalmente, a divisão entre um império ocidental e um império oriental produzira também a emergência entre duas igrejas cristãs: uma que passava a estar sediada em Roma, outra que passava a estar sediada em Bizâncio.

Contudo, se o Império Oriental teria uma longa vida histórica no decorrer de toda a Idade Média, o Império Romano do Ocidente não logrou perseverar na manutenção de sua unidade, e logo se partiria em uma grande quantidade de reinos amalgamados a partir da combinação das antigas populações que habitavam os territórios romanos com novos povos que haviam invadido o mundo romano desde o século III d.C., passando em muitos casos a integrar o antigo Império como exércitos federados ou mesmo reinos sob a tutela imperial. Em 476, Odoacro – rei de um povo que havia sido assimilado recentemente pelo Império no seu circuito de exércitos de mercenários, e que eram conhecidos por hérulos – depôs Rômulo Augusto, o último imperador romano do Ocidente. Ao invés de tomar a coroa imperial para si, resolveu enviá-la ao imperador romano do Oriente, e a partir daí não se falaria por algum tempo em império, senão em referência ao imperador bizantino.

2 A aliança entre os francos e a Igreja, como preparação para o encontro entre dois projetos universais

A ascensão do reino Franco no cenário Europeu veio se combinar a um contexto em que a Igreja Romana – ela mesma detentora de territórios temporais na parte central da Itália – via-se afrontada por duas grandes ameaças que eram os povos lombardos, recém-chegados à península, e o Império Bizantino, que controlava a chamada Igreja Cristã Oriental. A sobrevivência da Igreja Romana era ameaçada neste contexto de muitas maneiras – tanto territorialmente como doutrinariamente – e, por isso, o projeto do papado de se projetar como força cristã universal no âmbito do Ocidente poderia se combinar perfeitamente com o projeto de expansão do povo franco, já cristianizado.

A passagem da dinastia merovíngia para a dinastia carolíngia, através de Pepino o Breve, é precisamente assinalada por uma aliança entre o reino franco e o papado, que ficou selada simbolicamente pela unção recebida por Pepino das mãos de Estêvão II.

Na geração seguinte, vinte anos depois, Carlos Magno encetaria uma aliança similar com o Papa Adriano I, a partir de um intrincado contexto de alianças e oposições que estão registrados em diversos anais da época, como o *Liber Pontificalis*. Fonte singular para uma compreensão dos aspectos políticos e simbólicos envolvidos nestes acontecimentos é a *Carta de doação de Constantino*, documento forjado nas oficinas do próprio papado de Adriano I como se fosse uma antiga carta em que o Imperador Constantino havia doado terras da Itália Central ao Papa Silvestre. Este documento, e a *Carta de Pepino* de 754 por ocasião da primeira aliança franca com a Igreja Romana, ancoraram a assinatura de um terceiro documento em que Carlos Magno estabelecia a sua própria aliança com Adriano I. A partir daí andam juntos os dois projetos – o de expansão do Reino Franco e o de universalismo espiritual da Igreja Romana sobre as populações cristãs do Ocidente – culminando com a coroação imperial de Carlos Magno no ano 800. Neste momento, Carlos Magno é, ainda mais do que antes, simultaneamente o depositário de um poder universal e o responsável pelo destino terreno da Igreja, tal como aparece tão bem expresso na *capitular de Aix-la-Chapelle*, divulgada em março de 802 (FAVIER, 2004: 309).

A coroação de Carlos Magno em 800, diga-se de passagem, representa apenas o momento de concretização maior de uma política carolíngia que já mostra a partir de 789, com a capitular *Admonitio Generalis*, uma clara mudança de rumos em direção à ideia de Carlos Magno assumir uma função imperial. Entre outros aspectos sinalizadores, já se vê claramente a ideia de que a autoridade do rei franco abrange "os fiéis de Deus e do rei", colocando no mesmo plano as duas fidelidades (FAVIER, 2004: 471).

Assumido o título imperial por Carlos Magno a partir de 800, citaremos como momento fundamental para a evolução posterior das relações entre o projeto imperial carolíngio e o projeto universal da Igreja Romana a elaboração da *Capitular de 817* – intitulada *Ordinatio Imperii*. Neste documento mandado redigir por Luís o Piedoso, três anos depois da morte de Carlos Magno e tendo aquele sido sagrado imperador na própria vida do primeiro imperador franco, delineiam-se com maior precisão os mecanismos de sucessão imperial no Ocidente, associando-os a um único herdeiro. No ano anterior, Luís o Piedoso já tivera o cuidado de receber a unção pontifícia das mãos do Papa Estêvão IV, de modo que o documento vinha acrescentar um peso de lei a uma prática que já trazia uma forte marca simbólica. A capitular registra vários delineamentos importantes: além de instituir por escrito a ideia de que o papa deveria coroar o eleito, fixava uma linha única de sucessão "que dizia que só poderia haver um único imperador", e ainda sistematizava a ideia de um imperador reinando sobre reis – já que, ao mesmo tempo em que só haveria um imperador, poderia haver diversos reis sob a sua autoridade imperial.

Essa ideia de um imperador acima dos reis era antiga – já que no Império Romano foram feitos vários reis sob a égide do imperador; aliás, a ideia da própria origem do reino Franco no século VI pairava sob a ideia de que este era um reino que pertencia ao Império. Contudo, agora esta ideia assumia novas conotações que buscavam delimitar mais claramente a separação do *imperium* em relação aos *regna*.

Singularmente, esta estrutura imaginada por Luís o Piedoso degradou-se na concretude política a partir do desmembramento do Império Carolíngio entre seus três filhos. Lotário, que ficou sendo o detentor do título imperial e que deu origem à dinastia dos otonianos, não iria exercer uma autoridade propriamente imperial sobre seus dois irmãos, e cada um dos três herdeiros passaria a governar um terço do antigo Império. De qualquer modo, esta ficção de império, que retomava a antiga tradição do Império Romano do Ocidente, estava daqui por diante fixada através de uma honra que pertenceria aos futuros herdeiros dos reis carolíngios. Em que pese que a honra imperial tenha a partir daí oscilado hesitantemente entre sucessores de um ou outro dos antigos territórios carolíngios, já desmembrados, e que apenas sob Carlos o Gordo tenha havido um breve momento de reunificação territorial, a ideia de império – mesmo que mais fictícia do que correspondente a uma realidade política efetiva – seria a base das futuras pretensões imperiais do Império Teutônico.

3 Império Teutônico

A coroação em 962 do primeiro imperador do Império Otônida, Oto I, conserva suas referências em relação à coroação de Carlos Magno. Para começar, Oto I firmara suas pretensões após uma série de campanhas de extensão de seu poder: sucessivamente, reunificara parte do antigo Império Franco através da anexação da Francia Oriental, conquistara a coroa de ferro dos lombardos em 952 e impusera-se aos húngaros em 955. Obtendo a aliança do Papa João XII, recebia deste, finalmente, a sagração imperial, dando início ao Império Otônida. A ele se seguiu Oto II, que foi sagrado em 976 e que – autodenominando-se *Romanorum imperatur Augustus* – completou o seu título com uma expressão solene que era mais uma referência direta ao antigo Império Romano. Oto III, em 996, imprime novos avanços na utilização da ideia de império, assumindo todo um simbolismo e uma imagística que buscavam reforçar ainda mais a sua filiação imaginária em relação ao antigo Império Romano. A partir dele, novos imperadores sucedem-se, embora o título tenha oscilado por dinastias distintas conforme a aclamação dos príncipes eleitores, que nesta época passaram a constituir a base de consulta para a escolha dos novos imperadores. Documento ímpar para a sistematização do imaginário imperial surge no império de Henrique III, quando se põe por escrito em 1030 um *Livro de cerimônias da corte imperial*, que buscava estabelecer uma minuciosa ritualística imperial com claras referências na pompa de Bizâncio. De igual maneira, no século seguinte iria ser recuperado um *Ordo de consagração imperial* do início do século X, multiplicando ainda mais a ritualística e os objetos simbólicos a estarem presentes na sagração.

Em que pese toda uma ritualística que procurava reunir o imaginário imperial e a simbolística cristã através de uma aliança entre o império e o papado, a verdade é que a questão da sagração imperial oferecia um profícuo terreno para que começassem a surgir conflitos entre o poder espiritual e o poder temporal. Era o imperador que fazia o papa – como ocorrera com Oto III, que impusera a Roma um Papa Clemente II que logo depois o consagraria – ou era o papa que deveria fazer o imperador, como declararia o Papa Gregório VII, em 1076, no documento denominado *Dictatus Papae*? A Reforma da Igreja Medieval, aliás, tinha produzido em 1059 o decreto que instituía a eleição do papa pelos cardeais, assinado pelo Papa Nicolau II e que para a sua elaboração tivera precisamente a influência do reformador Hidelbrando (futuro Gregório VII), ligado à Abadia de Cluny. Mas pode-se imaginar como a questão era complexa, agora que nos diversos reinos da Cristandade os reis – e também o imperador – tentavam impor o direito de indicar autoridades eclesiásticas nos territórios que governavam. Para entender este ponto será útil tentar compreender a seguir as relações concretas da Igreja com o mundo feudal que a cercava por todos os lados.

De fato, o complexo panorama das relações entre a Igreja e os diversos poderes temporais nos vários territórios europeus mostrava desde os primórdios do século XI uma situação pouco cômoda para a Igreja. Na França, os primeiros reis capetos – de modo a angariar proventos importantes para as tesourarias régias – tinham adquirido o hábito de vender pelos melhores preços os cargos eclesiásticos reais que estavam sob seu controle, e com frequência impunham pela força os candidatos episcopais de sua preferência. Na Inglaterra, as aristocracias locais da primeira metade do século XI haviam praticamente se assenhorado das dignidades eclesiásticas. Após a conquista de Guilherme I em 1066, o controle da situação passa ao poder régio, que distribuíra os assentos episcopais aos clérigos normandos, mas assegurara a sua sujeição à coroa. No império, era já uma tradição que remontava a períodos anteriores a designação imperial de bispos, aos quais eram concedidas frequentemente, aliás, funções condais que se misturavam às funções pastorais. Neste contexto, os bispos estavam inteiramente sujeitos ao imperador ou a outros governantes temporais, que lhes concediam a investidura através de dois instrumentos simbólicos importantes – o báculo e o anel –, imagens em torno das quais em breve iria se desenvolver uma verdadeira guerra de representações entre o papado e o império. O "báculo" era o símbolo da jurisdição; o "anel" o símbolo da união mística com a Igreja.

Vazando transversalmente a sociedade eclesiástica de alto a baixo, a interferência dos poderes temporais na Igreja era manifesta, e mesmo as paróquias rurais estavam integradas aos poderes senhoriais através do controle dos grandes proprietários que eram herdeiros dos fundadores destas igrejas. Muito habitualmente eram eles que designavam os ministrantes das paróquias que orbitavam em torno de seus senhorios, exigindo juramentos de fidelidade e participando das rendas e dízimas por elas recolhidas, configurando desta maneira uma estrutura tipicamente feudal. O quadro geral, portanto, era em todos os níveis o de uma intrincada confusão entre a função eclesiástica propriamente dita e o benefício temporal, fosse este concedido pelo imperador, pelo rei, ou mesmo pelo grande senhor.

Naturalmente que a investidura que procedia dos senhores temporais conflitava diretamente com a antiga noção canônica segundo a qual o ministério episcopal deveria ser concedido pelo clero e pelo povo da diocese correspondente. Embora essa noção não correspondesse a uma realidade no Ocidente Medieval, ela vinha acompanhada de uma forte carga imaginária.

Dois conceitos importantes que surgem da situação de confusão entre os interesses temporais e a função religiosa, no âmbito de uma moral eclesiástica, referem-se às ideias de simonia e nicolaísmo. O conceito de "simonia", que no seu sentido mais estendido referia-se tanto ao tráfico de coisas santas e seu desvio, para finalidades profanas, como à compra de funções eclesiásticas, adaptava-se à situação dos clérigos, ou mesmo de leigos, que haviam comprado suas dignidades eclesiásticas àqueles que controlavam o direito de investidura. Na contrapartida, os clérigos investidos desta maneira também procuravam obter vantagens a partir da venda de cargos menores que passavam a estar sob sua jurisdição, além de obter pagamentos pelos sacramentos que deviam administrar em razão de sua função eclesiástica.

O "nicolaísmo" representava outro ponto importante de interferência entre o sagrado e o temporal, pois se referia aos padres que viviam amancebados e que, frequentemente, geravam filhos que poderiam postular direitos diversos. Alguns cargos, inclusive, eram transferidos hereditariamente. Na segunda metade do século XI, tanto a simonia como o nicolaísmo eram questões que movimentavam polêmicas que clamavam por uma solução nos meios eclesiásticos, e a Reforma Gregoriana, agora em curso, iria centrar-se diretamente nestes pontos.

4 Gregório VII: ponto de virada

Em 1073, quando Gregório VII ascende a papa, a Igreja estava em pleno desenrolar de uma reforma religiosa que começara a tomar forma a partir de 1050. Seu período de pontificado, entre 1073 e 1085, é, aliás, particularmente intenso em termos de novas propostas que visavam discutir a posição da Igreja no mundo. A atuação de Gregório VII neste contexto seria particularmente importante em três pontos centrais: o esforço de definir claramente os direitos e as responsabilidades do papado, a substituição do direito da Igreja Germânica pelo Direito Canônico, e a conquista da garantia de liberdade de eleição para o cargo de papa (BOLTON, 1985: 21).

Como grande reformador e homem consciente das transformações de seu tempo, Gregório VII percebeu que a sobrevivência e as possibilidades de desenvolvimento da Igreja, enquanto instituição, dependeriam seriamente de resolver algumas questões cruciais, e a primeira delas relacionava-se precisamente à necessidade de fixar a autonomia da Igreja em relação ao Império ou a qualquer outro poder temporal – o que implicava que todos os cargos eclesiásticos, e não apenas o Sumo Pontificado, fossem escolhidos na própria alçada da Igreja, e não impostos por interesses políticos ligados aos poderes temporais. Ao mesmo tempo, percebia que era preciso que o papado retomasse claramente a ideia de que era o sumo pontífice o líder máximo da Cristandade, acima de imperadores e reis. Em função desta última preocupação deve ser entendida a sua preocupação em reformular toda a imagística do papado, apropriando-se inclusive de símbolos e imagens do poder imperial. Com a utilização do gorro branco, que simbolizava o *regnum*, afirmava-se agora também como um senhor temporal, percorrendo o caminho inverso de imperadores que, desde Carlos Magno, procuravam afirmar sua imagem também de senhores espirituais da Cristandade. Da mesma forma, defendeu a ideia de que o poder espiritual do imperador estava mesmo abaixo de clérigos não muito elevados na hierarquia eclesiástica. O exame de um trecho da correspondência de Gregório VII será o suficiente para verificarmos, de forma concentrada, os diversos aspectos relacionados ao projeto de assegurar à Igreja autonomia e soberania perante os poderes temporais:

> O papa não pode ser julgado por ninguém; a Igreja Romana nunca errou e nunca errará até o final dos tempos; a Igreja Romana foi fundada apenas por Cristo; só o papa pode depor e empossar bispos; só ele pode convocar assembleias eclesiásticas e autorizar a lei canônica; só ele pode revisar seus julgamentos; só ele pode usar a

> insígnia imperial; pode depor imperadores, pode absolver vassalos de seus deveres de obediência; todos os príncipes devem beijar seus pés (apud SOUTHERN, 1970: 102).

Compreende-se dentro deste programa que uma das primeiras preocupações de Gregório VII tenha sido a de proibir enfaticamente a investidura leiga, isto é, a escolha de bispos e abades por príncipes e imperadores. O *Dictatus Papae* de 1076, que consubstancia esta proposta, causou imediata reação do Imperador Henrique IV, que deu o papa como deposto. Este, reciprocamente, declarou o imperador como deposto e excomungado, e assim concretizava-se na prática a própria questão de que tratava o *Dictatus Papae*: quem teria o direito de nomear ou depor o outro? O imperador ou o papa? O gesto de Gregório VII ao depor Henrique IV era ainda mais contundente, pois proibia os vassalos de lhe prestar serviço, ameaçando-os com a mesma excomunhão que já destinara ao imperador. A conselho de seus assessores, Henrique IV capitulou e foi ao Castelo de Canossa em 1077, pedindo ao papa um perdão que foi prontamente concedido, resolvendo momentaneamente a questão em favor da Igreja.

O conflito entre o Papa Gregório VII e Henrique VII foi, contudo apenas um dos diversos confrontos da época entre o papado e o Império, que estão na base da chamada "Querela das Investiduras". Depois de novos acontecimentos conturbados, onde o Imperador Henrique IV teve de enfrentar militarmente um concorrente ao seu título chamado Rodolfo, e onde Roma fora saqueada por normandos até que por fim Gregório VII falece em seu exílio em Salermo, um novo papa terminou por ser empossado pelo imperador com o nome de Clemente III – o que vem a mostrar que a Querela das Investiduras estava longe de ser resolvida.

A questão das investiduras só estaria definitivamente resolvida em 1122, com a *Concordata de Worms*, que foi assinada entre o Imperador Henrique V e o Papa Calisto II, estabelecendo-se que ao papa caberia a investidura espiritual (anel e cruz) e ao imperador a investidura temporal (o báculo). Na prática, ficava definido que os bispos, atuantes nos territórios do Império Teutônico, não seriam mais funcionários do estado, e sim vassalos do Império. O episódio assinala de certo modo uma vitória do projeto de supremacia do poder papal sobre os poderes políticos, mas na verdade novos confrontos surgiriam no futuro. A leitura do texto da *Concordata de Worms* mostra como a questão entre a Igreja e o papado – para além de questões concretas e embates que podiam chegar até confrontos violentos entre os partidários de um ou outro lado – dava-se também no nível de uma autêntica guerra de representações. Assim, as eleições episcopais e abaciais seriam livres, envolvendo apenas o clero, mas por outro lado deveriam se desenrolar na presença de um delegado do imperador (o que, naturalmente, é apenas uma contrapartida simbólica para um poder institucional que fora inteiramente restituído à Igreja). De igual maneira, o metropolita deveria outorgar a investidura eclesiástica ao novo eleito, o que novamente estabelecia um acerto simbólico. As decisões relativas aos objetos de investidura, partilhadas entre o poder imperial e o poder eclesiástico, por fim, conformam um gestual simbólico importante nesta guerra de representações.

5 O Império e a diversidade interna

Antes de prosseguirmos com a questão do confronto entre os poderes temporal e espiritual, examinemos mais rapidamente um campo de tensões que, em contraponto à questão da oposição entre papado e Império, dava-se no próprio âmbito dos poderes temporais. O Império deve enfrentar, na sua realidade interna de força política e por vezes de concretização territorial mais ou menos extensa, singularidades as mais diversas. A entidade política do "reino", por exemplo, surgirá como um ponto importante. Mas antes de falar nesta questão mais complexa, lembremos também a diversidade interna dos que disputam ou se opõem ao Império. Há por exemplo verdadeiras oposições familiares que podem ser lembradas.

Neste âmbito, por exemplo, poderemos incluir o conflito entre guelfos e guibelinos. Os guelfos constituíam originariamente uma família descendente do conde bávaro Welf I, do início do século IX, que manteve uma irredutível rivalidade com os Hohenstaufen pela hegemonia na Alemanha de princípios do século XII às primeiras décadas do século XIII. Na medida em que os Hohenstaufen conseguiram se projetar ao nível de família imperial, os conflitos se produziram nesta oposição em relação aos guelfos, às vezes de forma violenta. Por outro lado, a família Welf alcançou o âmbito imperial em 1201, com a eleição de Oto de Brunswick à dignidade imperial com o nome de Oto IV, tendo para tal contado com o apoio de Inocêncio III.

Mais tarde, os guelfos seriam novamente suplantados pelos hohenstaufen. A partir de 1240, estas rivalidades familiares cristalizam-se em conflito partidário na Itália, surgindo o partido dos "guelfos" (de Welf) e "guibelinos" (de Waiblingen, que era simultaneamente o nome do Castelo dos Hohenstaufen como o seu grito de guerra). Neste contexto, os guelfos – pelo menos no princípio – tenderam a apoiar o papado na sua oposição aos imperadores. Num período posterior, estas origens ligadas a rivalidades familiares e a posições relacionadas ao conflito entre Império e papado tenderam a serem esquecidas em favor da cristalização de uma irredutível hostilidade que passou a contrapor guelfos e guibelinos como facções rivais nas comunas italianas. Mas aqui já nos afastamos da questão Imperial propriamente dita.

Há ainda uma outra questão de máxima importância a ser problematizada para a compreensão dos problemas que enfrentava a ideia de Império no Ocidente Medieval: a sua relação com uma terceira entidade a ser considerada, o "reino". Na Antiguidade Romana, quando começam a afluir para o Império os diversos reinos bárbaros que começam a se confrontar com o mundo romano e, em muitos casos, a serem absorvidos por este, ganha força a ideia já antiga de que o Império contém reinos dentro de si, ou a ideia de que o imperador poderia fazer reis. O Império, no quadro das abstrações temporais desenvolvidas a partir do Ocidente Medieval com base na referência à Antiguidade Romana, deveria ser uma categoria superior à de Reino.

Contudo, o Império Teutônico, em fins do século XII, já estava limitado a um território específico, a Germânia, e isso traria um ponto de tensão para a ideia de império, já que o imperador na prática reinava sobre um espaço limitado. Dito de outra forma, a ideia de império encontrava resistências também na rede dos demais governantes temporais da Europa Medieval, já que na prática o Imperador Teutônico não era mais poderoso do que muitos dos reis europeus.

Outro aspecto que favorece o crescente sucesso e projeção de ideia de "realeza" por oposição à ideia de "império", particularmente no período da Idade Média Central, foi certamente a adaptação da realeza ao imaginário feudal. É bastante singular a posição do rei no esquema tripartido que concretiza a teoria da trifuncionalidade – este esquema imaginário, mas fortemente influente em algumas regiões do feudalismo europeu, segundo o qual o mundo estaria distribuído entre as ordens *oratore*, *bellatore* e *laboratore*. O rei conseguia na verdade congregar todas as dimensões funcionais. Rei dos *oratores*, ele não deixa de participar ao seu modo da natureza e dos privilégios eclesiásticos e religiosos (LE GOFF, 1980: 80). Rei dos *bellatores*, ele é o primeiro dos guerreiros, e nesta função concretiza certas ambivalências que dele fazem tanto um rei feudal – um *primus inter pares* que se apresenta como a "cabeça" da aristocracia militar – como também alguém que é colocado fora e acima dela (LE GOFF, 1980: 80). Uma avaliação mais completa do esquema poderia ainda situá-lo como o ponto de confluência das três ordens, e o aspecto de "rei dos *laboratores*" apresenta-se como a função régia de garantir a ordem econômica e assegurar a prosperidade material (LE GOFF, 1980: 82).

A imagem do rei como aquele que participa simultaneamente das três ordens ajuda a compreender, particularmente, que o principal objetivo do esquema tripartido seria representar a harmonia entre as ordens, a "interdependência", a solidariedade entre as ordens. E explica também, conforme propõe Le Goff, o sucesso crescente que apresentaria a imagem do "rei" – árbitro que harmoniza todas as ordens – em relação à imagem de "imperador", condenada por uma dualidade "império" *versus* "papado" que se fundava na irrealizável distinção entre espiritual e temporal (LE GOFF, 1980: 83).

6 Novas projeções imperiais

O Império Teutônico, contudo, ainda conheceria um novo momento de fortalecimento da ideia de império frente ao papado.

Frederico Barba-Roxa (1123-1190) seria o protagonista imperial de um dos momentos mais efervescentes da disputa entre Império e papado, uma vez que nesta época o conflito terminou por gerar uma série de textos e documentos importantes de um lado e de outro. Assim, Oto de Freising, tio do imperador, elaborou em favor das pretensões imperiais um texto denominado *Duas cidades*, onde o povo franco era retratado como aquele que Deus escolhera para dar continuidade ao Império Romano. Através do Império Franco, passava-se ao Império Teutônico com um reforço da ideia de que o imperador seria um representante de Cristo e chefe da Igreja, no mesmo nível do papa.

Esta ideia já havia sido consolidada séculos antes por Carlos Magno em uma série de capitulares posteriores à sua sagração imperial em 800, onde abundam imagens como a de que o imperador franco havia recebido de Cristo a missão de ser o "leme da Igreja". Esta imagem aparece explicitada no *Libri Carolini* – uma longa capitular de 228 páginas *in quarto* que foi elaborada por teólogos do porte de Teodulfo e Alcuíno entre 791 e 794. A exemplo do primeiro imperador franco, Frederico Barba-Roxa procurou ancorar-se em textos que defendessem a sua posição, e daí o papel das *Duas cidades,* de Oto de Freising. A utilização da expressão "*sacro imperium*", aliás, surge precisamente em 1157, de modo a chamar atenção para o caráter sagrado do Império, e é sintomático também que em 1165 tenha ocorrido a canonização de Carlos Magno, o que vinha ao encontro dos interesses de Frederico Barba-Roxa – descendente em linha direta de Carlos Magno – em reforçar o aspecto sagrado do Império ao mesmo tempo em que realçava a sua continuidade em relação ao antigo Império Franco.

Os desenvolvimentos do Império Teutônico sob a dinastia dos Staufen, iniciada por Frederico Barba-Roxa, também mostram a preocupação em fixar muito claramente os mecanismos de escolha do imperador. Este deveria ser escolhido pelos príncipes dos diversos territórios do Império Teutônico, bem de acordo com a antiga tradição dos povos germânicos que costumavam aclamar os seus reis. O papa apenas ratificaria uma escolha que se dava inteiramente dentro do âmbito temporal, cumprindo notar que em 1200 já aparecem claramente especificados os elementos básicos de um colégio eleitoral germânico cuja função seria a de designar o imperador. Percebe-se, assim, que, ao mesmo tempo em que um papado diretamente empenhado na Reforma da Igreja tinha uma preocupação muito clara em assegurar que os papas fossem selecionados pelos altos representantes do quadro eclesiástico, também o imperador preocupava-se em que a escolha da dignidade imperial se desse nos limites do poder principesco. Em suma, ambos os poderes – temporal e religioso – tinham pretensões de interferir um no outro, mas empenhavam-se a todo o custo em conservar sua própria autonomia.

Enquanto os imperadores da dinastia Staufen se sucedem, com Henrique VI e Frederico II, o papado continuaria a sustentar uma teoria das relações entre Igreja e Império que desse mais autonomia aos clérigos e, sobretudo, que trouxesse a posição do papado para uma colocação mais relevante na condução dos destinos da Cristandade. Com Inocêncio III, que assume o pontificado em 1198, a Igreja conseguiria novos avanços. O ponto de vista defendido pela Igreja, embora também se referenciando no antigo império carolíngio, sustentava que de fato o Império havia sido delegado a Carlos Magno, mas o papa seria na verdade o seu verdadeiro depositário. Assim a ideia é que a Igreja era quem deveria entregar ao imperador a espada, para que este desempenhasse o serviço de defender o mundo cristão. A posição de Inocêncio III é confirmada por Gregório IX e Inocêncio IV, e pela altura de meados do século XIII está completa a Reforma institucional da Igreja na Idade Média, que avançara também em diversos outros aspectos de seu domínio sobre o espaço da Cristandade ao impor a violenta repressão de heresias como o catarismo e ao assimilar a seus quadros as novas propostas de religiosidade trazidas pelas ordens menores dos franciscanos e beneditinos.

Enquanto a Igreja sai fortalecida, nestes mesmos meados do século XIII o Império já não consegue prosseguir para além de Frederico II com seus planos de fazer prevalecer o seu próprio projeto universal para a Cristandade. Apesar de assegurar uma ampliação espacial do Império e aventurar-se em uma Cruzada que lhe permitira entrar em Jerusalém, o projeto imperial de Frederico II não se tornou representativo da Cristandade tanto porque o papado conseguira sucesso com a reforma institucional da Igreja, como porque a terceira ideia-força a ser considerada nesta questão, e sobre a qual atrás recorremos, passa a adquirir destaque a partir deste mesmo século XIII. A ideia de "reino" adquire precisamente uma projeção especial neste momento – tanto com a França de Felipe Augusto e São Luís, como com os reinos ibéricos que rapidamente começam a progredir no âmbito da centralização e da consolidação das instituições monárquicas, e também com a Inglaterra do mesmo período. Ainda estava-se longe da centralização monárquica que mais tarde prepararia o advento dos tempos modernos, mas de qualquer modo a autonomia temporal de cada reino era inquestionável e permitia que circulasse no início do século XIII o dito de que "o rei é imperador em seu reino". Com isto, confrontado pelo projeto universal da Igreja, e tendo sua autoridade renegada pelos projetos particularistas de cada reino, a ideia de império após Frederico II era pouco mais do que um título vazio e uma ficção política. Não impedia, naturalmente, que a ideia de império ainda estivesse presente em um imaginário que produziu textos como o *Speculum historiale*, de Vicente de Beauvais, preocupado em construir uma narrativa acerca da sucessão de diversos impérios no decorrer da história do mundo. A esta época – entre 1250 e 1273 – se seguiria um interregno onde a ideia de império não se viu concretizada, o que atesta a sua vacuidade. Diga-se de passagem, não faltaram candidatos neste período – mesmo fora da dinastia reinante – a este que sempre fora um prestigioso título. Guilherme de Holanda, um primeiro candidato, ainda podia postular o título imperial dentro de alguma lógica territorial, já que era ligado a uma região inserida no antigo Império Teutônico. Contudo, surgem pretensões de estrangeiros como Ricardo da Cornualha, o que já vem mostrar que neste período o título de imperador era talvez pouco mais do que uma ficção extremamente honrosa. Também Afonso X, evocando aspectos genealógicos – já que era filho de uma Hohenstaufen –, requisitou por esta época o pomposo título ao papa, já que pela tradição a Igreja detinha o privilégio de sancioná-lo. O papa recusou-se lhe outorgar o título, dando origem às hostilizações mais diretas que começam a ocorrer nesta época entre o clero e o rei de Castela, gerando inclusive canções trovadorescas produzidas pelo próprio rei contra o papado que lhe renegara o título (Afonso X. *Cantiga da Biblioteca Nacional*, n. 463). Isto demonstra adicionalmente a emergência do fortalecimento de interesses régios vários em todo o Ocidente Europeu, e que já não podia haver mais naquele período um consenso em torno da ideia de dar uma base concreta ao imaginário do Império, que só seria retomado novamente em 1273. Neste ano, pondo fim ao interregno que já se estendia por demasiado tempo, Gregório X resolveu apoiar a eleição de Rodolfo de Habsburgo (1218-1291).

7 O Sacro Império Romano-germânico nos últimos tempos medievais

Depois dos imperadores Habsburgos, que pouco acrescentaram em termos de fatos novos à ideia imperial ou à sua receptividade dentro ou fora do antigo território teutônico, a Alemanha da época de Luís IV da Baviera (1314-1347) já assiste à combinação de uma intensificação do sentimento de pertencimento germânico com a ideia de que o título imperial era prerrogativa do povo alemão. A ideia de um *reich* alemão, que seria retomada no futuro em contextos bem distintos, aqui se mostra nos seus primórdios. Neste novo circuito de ideias, a imagem de Carlos Magno é projetada para o passado como a de um imperador alemão.

Surgem os matizes teóricos. Marcílio de Pádua procura dar um lugar especial ao povo alemão no seu ideário de Império. Guilherme de Ockham conserva a ideia de uma natureza romana do Império. Em meio a estes desenvolvimentos, abala-se a ideia de que o papa deveria ter um papel mais direto na escolha ou no sancionamento do imperador, e em 1338 os príncipes alemães já deporiam o imperador sem dar nenhuma satisfação ao pontífice. Carlos de Luxemburgo, o eleito, publica a *Bula de ouro*, que entre seus princípios estabelece que a partir dali sete príncipes alemães seriam sempre os responsáveis pela escolha do imperador.

Enquanto o Império enfrenta dificuldades para se manter como realidade política efetiva, para além do fato de ser para muitos de seus contemporâneos apenas uma "ficção política" – também a Igreja iria enfrentar no século XIV as ameaças à unidade, as cisões e questionamentos em relação a seus aspectos institucionais ou à autoridade papal. O século XIV será um século marcado pelo exílio de Avinhão (o deslocamento da cúria papal para a cidade de Avinhão, para fugir do momento político desfavorável na Itália) e pelo Grande Cisma, entre 1378 e 1382. Os novos tempos anunciam, portanto, tanto a falência do projeto universal do Império como do projeto universal do papado.

Assim, embora, a partir de meados do século XIV, a eleição do imperador se tivesse tornado um assunto popular e inflamador de um orgulho de ser alemão na população, a verdade é que "ser imperador" pouco representava em termos de forças políticas ou de recursos econômicos, pois neste último aspecto os recursos fiscais de que o imperador um dia dispusera foram minguando, transferindo-se para as realidades locais. Paradoxalmente, apesar do imaginário do Império, o território que correspondia ao que em 1474 seria chamado "Sacro-império Romano-germânico" era politicamente fragmentado, cada região sendo sujeita ao controle dos príncipes locais.

Esta Alemanha que ainda abrigaria tão ciosamente por algum tempo o imaginário do Império, seria precisamente vítima de uma unificação tardia, quando a comparamos aos demais estados europeus que atingem o século XIX perfeitamente centralizados, à exceção da Itália. Mas já nesta época a ideia de império já não possuiria nenhum vigor enquanto um projeto universal que pudesse se referir a toda a Cristandade, mesmo como ficção política.

Referências

Fontes

GUY, B. (1881a). "Chronique abrégée des empereurs". *Les Manuscrits de Bernard Guy*. Paris: Alexis Paulin.

______ (1881b). "Chronique des rois de France". *Les Manuscrits de Bernard Guy*. Paris: Alexis Paulin.

Bibliografia

BOLTON, B. (1992). *A Reforma na Idade Média*. Lisboa: Ed. 70.

FAVIER, J. (2004). *Carlos Magno*. São Paulo: Estação Liberdade.

LE GOFF, J. (1980). "Nota sobre sociedade tripartida, ideologia monárquica e renovação econômica na Cristandade do século IX ao século XII". *Para um novo conceito de Idade Média*. Lisboa: Estampa [original: Paris: Gallimard, 1977].

SOUTHERN, R.W. (1970). *Western Society and the Churchs in the Middle Ages*. Nova York: Penguin.

5

Franciscanismo na Idade Média*

1 O franciscanismo como temática de estudos para a história

Quando alguém se propõe a discorrer sobre o movimento franciscano, não é raro que se pense imediatamente em certos aspectos que parecem conferir uma unidade bastante singular a esta ordem que surge no século XIII como um dos mais impactantes fenômenos religiosos de sua época. A partir da figura máxima de seu fundador – São Francisco de Assis – pensar-se-á provavelmente intrigante questão da "pobreza voluntária", na extrema 'simplicidade' alçada à categoria de ideal religioso irredutível, na intensa "dedicação aos pobres e necessitados" a partir de um novo ponto de vista que não é mais o do abastado homem caridoso que se coloca em posição de generosa superioridade. Pensar-se-á, enfim, em um movimento religioso que pela primeira vez relaciona-se com os pobres de maneira horizontal, e não mais de forma vertical, assumindo através de seus próprios praticantes uma pobreza evangélica que os levaria a incorporarem humildemente rótulos como o de "mendicantes" e o de "frades menores".

---

* Originalmente publicado na Revista *Brotéria* – Cristianismo e Cultura, vol. 171, mar./2010, p. 155-176. Lisboa.

Contudo, a verdade é que o franciscanismo apresenta uma diversidade interna que precisa ser compreendida. Depois de surgir da incontestável liderança de Francisco de Assis – um mercador italiano que, ao despojar-se radicalmente de seus bens materiais, acabava de inventar uma forma de dedicação religiosa inteiramente nova – e após ser reconhecida em 1209 como "ordem menor" por Inocêncio III, a verdade é que a Ordem dos "Frades Menores" não teria sua unidade assegurada para além da morte de seu carismático fundador. Ainda mesmo no decorrer daquele atribulado século XIII em que a Igreja do Ocidente se veria às voltas com uma verdadeira explosão de novas propostas de religiosidades e de comportamentos heréticos, logo surgiria no próprio seio do franciscanismo uma primeira divisão entre os "espirituais" e uma maioria mais convencional, esta que depois ainda se desdobraria em um grupo mais tolerante de "conventuais" e um grupo de "cumpridores" que pretendiam retornar ao rigor da vida do próprio São Francisco. Para mais além, no século XVI, em pleno século humanista, surgiria a Ordem dos Capuchinhos, para não falar em correntes franciscanas como a dos *fraticelli*, que passaram a ser considerados seguidores de um desvio herético que tivera a sua origem no próprio âmbito do movimento franciscano.

Estes exemplos podem dar uma ideia inicial da significativa variedade que vai se desenvolvendo historicamente no próprio seio do franciscanismo. Ao mesmo tempo, poderíamos ressaltar outros aspectos da singular variedade presente na ordem fundada por São Francisco de Assis. Esta variedade impõe-se quando começamos a nos aproximar das trajetórias individuais dos próprios atores sociais que integravam o movimento franciscano. Muitos deles dedicaram-se a uma abnegada atividade apostólica que não afrontava necessariamente os poderes públicos, e em alguns casos até se tornaram confessores ou conselheiros de príncipes e reis, como o faria Gilberto de Tournai em relação a São Luís. Outros – como o pregador popular Geraldo de Módena, que ajudara a inflamar em 1235 o movimento da "grande devoção" em Parma – teriam desempenhado um papel mais marcante e contestador em um mundo urbano suscetível a turbulentas transformações. Outros franciscanos, por fim – como São Boaventura, Roger Bacon ou João Duns Escoto –, viriam ocupar um lugar destacado no seio do movimento da escolástica e das universidades, em contraste com irmãos menores que não tinham as mesmas preocupações culturais, ou mesmo em contraste com a posição do próprio São Francisco, que depois de iniciar o movimento costumava manifestar nas suas mensagens, com relação ao trabalho intelectual, "uma certa desconfiança, quando não uma hostilidade" (LE GOFF, 2001: 216).

De qualquer modo, se existe um primeiro e incontestável traço de unidade a ser destacado, é o de que o franciscanismo, como um todo, impactou profundamente a sua época, surgindo no seio de uma grande vaga de propostas de novas formas de religiosidade, algumas no âmbito da própria Reforma da Igreja Medieval, outras no âmbito de um movimento laico que ansiava por viver uma vida realmente apostólica, e outras ainda dentro de um quadro de movimentos que seriam logo classificados como heréticos. A proposta do franciscanismo – uma das duas ordens mendicantes surgidas no século XIII – conseguiu simultaneamente materializar uma prática social singular a partir de uma nova forma de religiosidade, e ocupar um lugar bastante especial na Igreja Medieval. Seus primeiros contemporâneos reconhecem explicitamente a sua importância e originalidade, e é bastante sintomático que Jacques de Vitry, cônego regular que escreveu por volta de 1220 uma *Historia Occidentalis*, atribua-lhe um lugar especial à parte, ao lado dos eremitas, monges e cônegos. Da mesma forma, Burchard d'Urspreg († 1230) reconhece no franciscanismo – e também na Ordem dos Pregadores Dominicanos – este sopro de originalidade:

> O mundo já ia envelhecendo, [quando] nasceram duas instituições religiosas na Igreja, [com] as quais, à semelhança das águias, a juventude se renova (LEMMENS. *Testimonia Minora*, apud LE GOFF, 2001: 194).

É preciso compreender junto a isto que o franciscanismo surge como um inquietante sopro renovador frente à Igreja de seu tempo, e também diante de outros movimentos que começavam a expressar novas formas de religiosidade ou fortes interesses em reformar antigas práticas religiosas. Para boa parte do monaquismo tradicional do século XII, por exemplo, a *vita apostolica* que ansiavam por viver era pouco mais do que uma vida comum de pobreza individual e orações, não apresentando um programa de trabalho pastoral e de ação no mundo junto às populações mais humildes. Contudo, no próprio seio do movimento monástico, e também entre os cônegos, foi se desenvolvendo a ideia de que uma verdadeira *vita apostolica* deveria passar a incluir algum tipo de atividade pastoral. É este ideal que iria se materializar nas primeiras décadas do século XIII com a proposta dos mendicantes. Desta maneira, o franciscanismo deverá ser visto dentro de um quadro geral onde se desenvolve uma nova forma religiosa de se situar no mundo, ao mesmo tempo em que se apresenta como uma forma de responder aos desafios de seu tempo.

Esta proposição nos leva à identificação de um segundo traço geral, mais complexo, que recobre toda a proposta do movimento franciscano e do qual também se aperceberam os seus contemporâneos. Diante de um quadro que fizera emergir uma série de movimentos religiosos dissidentes que se alicerçavam de um lado em uma referência exclusiva ao Evangelho, e de outro em uma aspiração religiosa puramente interior – muitas vezes utilizando o próprio Evangelho contra a Igreja tradicional e abordando esta aspiração a uma religiosidade interior como uma crítica à mediação eclesiástica – o franciscanismo traria, ao contrário, uma resposta surpreendente à possibilidade de "viver de acordo com o Evangelho, no seio da Igreja e no coração do mundo" (VAUCHEZ, 1995: 126). Ou seja, o movimento franciscano conciliava muitos dos anseios religiosos mais radicais com a possibilidade de atuação dentro da Igreja tradicional, e, mais ainda, rejeitando a solução monástica de "fuga do mundo".

Neste sentido, uma via importante para a compreensão do franciscanismo é situá-lo simultaneamente frente a outros movimentos religiosos de seu tempo, e frente à Igreja tradicional, comandada pela Santa Sé. Relações do franciscanismo com outros movimentos têm sido pesquisadas e aventadas com bastante interesse pelos historiadores, e mesmo os contemporâneos, a seu tempo, pensaram nestas ligações. É assim que Burchard de Urspreg – cônego premonstratense que escreveu entre 1210 e 1216 – comparou os franciscanos a grupos valdenses de católicos pobres, que de fato tinham como um dos pontos principais de seu programa religioso o ideal da *Imitatio Christi*, tão característico do franciscanismo. Outras relações, por sua vez, poderiam ser feitas com os *Humiliati*, ou mesmo com os cistercienses. De qualquer modo, um fato de máxima relevância é a hábil absorção do movimento franciscano pela Santa Sé, o que contrapõe os destinos do franciscanismo ao de movimentos que a Igreja considerou necessário reprimir, notadamente sob a designação de serem heresias que precisavam ser combatidas por vezes de maneira violenta.

A assimilação à Igreja através do reconhecimento papal, aliás, permite que se compare ainda o franciscanismo ao segundo movimento mendicante que se afirmou na mesma época: o dos Frades Pregadores ou Dominicanos, também este assimilado pela Igreja e, mais do que isto, reapropriado pelo próprio papado como instrumento eficaz no combate às heresias, sendo depois conferidas aos frades dominicanos as funções repressivas que se manifestaram na oficialização da instituição da Inquisição. À parte este destino bastante diferenciado no seio da Igreja comandada pela Santa Sé, a comparação dos franciscanos com os dominicanos permite de um lado identificar um substrato de anseios em comum – ancorados no ideal original de uma vida baseada na pobreza evangélica, no amor caritativo e no proselitismo itinerante do mundo – e por outro lado opô-los no interior de outros movimentos, como a escolástica e o movimento das universidades, onde franciscanos e dominicanos frequentemente se situaram em campos opostos.

Com vistas a este aspecto, aliás, será oportuno lembrar a profunda relação dos franciscanos com a vida urbana. Tal como observa Michel Mollat em *Os pobres na Idade Média*, os mendicantes não se estabeleceram logo de início nas cidades, mas com o tempo foram se aproximando – a princípio se instalando nos subúrbios precariamente urbanizados – para finalmente se instalarem no coração das cidades (MOLLAT, 1989: 120).

Foi nas cidades que eles encontraram o ambiente mais propício para o seu trabalho pastoral, para o seu apostolado junto aos mais necessitados, e para o ideal que perseguiam de viver na pobreza material. Ao mesmo tempo, uma interessante simbiose se estabelecia entre franciscanos e a população mais pobre das cidades. Nestas – onde a pobreza fermentava sob o império do dinheiro – os franciscanos vislumbravam um território privilegiado para o seu apostolado; enquanto isso, muitos dos citadinos simpatizavam com os mendicantes porque neles viam uma resposta às suas inquietações morais (MOLLAT, 1989: 120).

É extremamente significativo, aliás, o fato de que através do estudo dos mendicantes torna-se possível estudar mais sistematicamente as próprias cidades medievais, tal como propôs Jacques Le Goff em seu célebre estudo sobre *O apogeu da cidade medieval* (LE GOFF, 1998). Enfim, para os medievalistas interessados no estudo das cidades medievais, será possível situar os franciscanos no âmbito de um revelador mosaico de correntes eclesiásticas urbanas que, ao lado do clero secular, do clero dos cônegos regulares saídos do movimento canônico do século XII, e do clero regular ainda ligado ao velho monaquismo beneditino, reservará um lugar verdadeiramente especial ao novo clero regular ligado às ordens mendicantes.

Por fim, uma última relação significativa, e talvez a mais importante, refere-se às relações dos franciscanos com a Pobreza – não com a ideia de "pobreza voluntária", assumida como princípio fundador da própria *Ordem dos Menores* – mas com a pobreza gerada pelo mundo, aquela que encontra nas cidades medievais um extraordinário ponto de concentração e sujeita os seres humanos aos mais inquietantes contrastes. Neste particular, teriam sido os franciscanos os responsáveis pela introdução de uma nova visão sobre o pobre: que passa a ser valorizado em si mesmo, e não mais como mero instrumento para a salvação do rico (MOLLAT, 1989: 117). Esta mudança no conjunto de práticas e representações religiosas que se estabelecem sobre os pobres tornar-se-ia particularmente importante para o último período da Idade Média e para a transição para o mundo moderno, pois ela também será contraposta na passagem para o Período Moderno a um novo circuito de representações que procurava impingir ao pobre desempregado ou desenraizado o anátema de um "marginal" ou "vagabundo" que devia ser perseguido e enquadrado naquele sistema econômico e social que começava rapidamente a se transformar.

A proposta deste texto, a seguir, será a de verificar as relações do franciscanismo com as grandes questões do seu tempo – desde as décadas fundadoras no início do século XIII e particularmente no decorrer dos séculos XIV e XV quando, passado o século inicial de fundação do movimento e vivenciando a profunda crise que se desenvolve na Cristandade e no Ocidente Medieval, o franciscanismo extrairá de sua inserção no mundo uma prática de vida que se nutre das necessidades e dos desafios de dar uma resposta às angústias humanas destes novos tempos.

2 Fontes para o estudo do franciscanismo

Entre as fontes oriundas do próprio franciscanismo e de outros meios eclesiásticos, citaremos tanto as obras e documentos produzidos pela própria Ordem dos Menores, como a documentação da Santa Sé que a ela se refere. Um ponto de partida está nas regras oficiais da ordem – primeiro a *Regula Primitiva*, depois a *Regula Prima* (1221), e finalmente a *Regula Bullata* (1223) que foi aceita pelo Papa Honório III como regra definitiva da ordem. Naturalmente que as Regras sempre suscitam possibilidades interpretativas, e a variedade de posições relacionadas à Regra que havia sido estabelecida definitivamente chega a gerar a necessidade de uma bula papal, em 1230, onde o cardeal Gregório IX busca esclarecer alguns pontos polêmicos no documento intitulado *Quo elongati*. Bulas papais relativas à ordem começarão a aparecer em maior quantidade a partir de fins do século XIII, quando começam a despontar os conflitos entre algumas correntes mais radicais de "espirituais" franciscanos e as disposições a elas impostas pela Santa Sé. Ainda envolvendo os aspectos iniciais relacionados à institucionalização e clericalização da Ordem, constituem documentação de destaque os *Estatutos* de 1240 ou as Constituições de *Narbona*, ordenadas por São Boaventura em 1260, já na direção maior da Ordem dos Menores.

Entre as fontes franciscanas destacam-se naturalmente os vários "escritos" do próprio Francisco de Assis, inclusive o seu famoso *Testamento*, ou obras como o Cântico dos Cânticos – este que tem o mérito de realizar uma "osmose fecunda entre a cultura profana e a cultura religiosa" (VAUCHEZ, 1995: 131). As biografias sobre São Francisco, escritas entre os séculos XIII e XV por seguidores e simpatizantes, também constituem naturalmente um conjunto de fontes importantes para os historiadores analisarem as formas de pensamento e expressão tipicamente franciscanas. Da mesma forma, a correspondência entre franciscanos – a começar pelas cartas de São Francisco a companheiros de

Ordem como Santo Antônio de Pádua – pode oferecer rico material de análise aos historiadores. Boa parte destas fontes encontra-se publicada pelas *Éditions franciscaines* – tanto no que se refere aos *Escritos de Francisco de Assis* (1981) como às biografias escritas por aqueles que viveram o período de expansão e consolidação da Ordem dos Menores (1968). Fontes que retratam a vida dos fundadores da ordem, como a "Vida dos três companheiros", também se acham publicadas – entre outros documentos de importância capital – nos *Arquivos históricos franciscanos* organizados por Desbonnet (1974). Aqui também poderíamos incluir tratados diversos de autoria de franciscanos, como o *Sacrum commercium* escrito em 1240, ou, já no século XIV, o *Arbor vitae cruxificae Jesu*, de autoria do franciscano "espiritual" Ubertino de Casale († 1330). Neste período começa particularmente a surgir uma maior variedade de concepções franciscanas, da qual podemos registrar como exemplo significativo as *Meditações* de Ângela de Foligno († 1308), ou ainda os poemas de Jacopone da Todi († 1306). Um gênero que surge com os próprios mendicantes, e por isto se mostra bastante significativo, é o dos "manuais de confessores". Uma vez que o IV Concílio de Latrão havia sinalizado a necessidade de um maior empenho eclesiástico na educação das consciências, os mendicantes tomaram a si a tarefa de se oferecerem como confessores, e aqueles que estavam mais familiarizados com as práticas literárias deixaram por escrito estes manuais que são reveladores das práticas e representações medievais em relação à pobreza e a indigência. O gênero iniciado por Tomás de Chobham no século XIII atinge o século XIV com o manual de Jean André – apresentando a pobreza sob o "duplo aspecto de um estado de espírito e o de uma realidade vivida" (MOLLAT, 1989: 123). Os "manuais de confessores" são reveladores não apenas das representações dos próprios mendicantes, como também das representações sociais da época contra as quais eles frequentemente tinham de se defrontar. Assim, Jean André vê-se forçado a lembrar a todo instante que "a pobreza não é um vício", e tampouco um "estado pecaminoso", lançando indiretamente uma forte luz sobre as concepções então vigentes nas sociedades que procuravam conscientizar. O gênero dos manuais dos confessores seguiria adiante, e atingiria os séculos XVI e XVII.

Os "sermões" constituem outro conjunto de fontes igualmente significativas – reveladoras tanto em relação ao próprio discurso mendicante como em relação ao quadro cultural, mental e comportamental daqueles contemporâneos a quem se destinavam. Muito difundido entre os franciscanos e outros pregadores mendicantes era o uso dos *exempla*, historinhas moralizantes que procuravam tocar o receptor levando-se em consideração aspectos diversos como a sua própria condição social e cultural. Foram reunidas no período medieval diversas coletâneas de *exempla*, como as de Gossouin ou João de Chatillon.

É também numa destas seletas de *exempla*, a *Tabula Exemplorum secundum ordinem alphabeti*, composta por um franciscano de fins do século XIII, onde encontraremos um surpreendente esboço de reflexão social que clama por um mundo onde a riqueza fosse mais equitativamente distribuída. De igual maneira, escolásticos como o franciscano São Boaventura, e diversos outros, deixaram publicados textos vários, que são certamente fontes históricas importantes para a compreensão da variedade de discursos produzida no franciscanismo ligado ao movimento universitário.

Há também as fontes de contemporâneos que descrevem ou discutem o movimento franciscano. Jacques de Vitry, na sua *Historia Occidentalis*, descreve o movimento no seu estágio inicial, o mesmo ocorrendo com a *Chronicon* de Burchard d'Urspreg († 1230). Teremos inclusive os depoimentos daqueles que tiveram a oportunidade de observar em ação não apenas as primeiras gerações de franciscanos, como o próprio São Francisco de Assis.

3 Discussão historiográfica

A atualização da historiografia sobre o franciscanismo deve ser acompanhada com especial atenção através dos trabalhos de historiadores profissionais nos congressos internacionais dedicados mais especificamente aos estudos do franciscanismo. Um exemplo importante é a conferência sobre "franciscanismo e modelos culturais do século XIII", proferida por Jacques Le Goff no *VIII Congresso da sociedade internacional de estudos Franciscanos* e mais tarde incorporada à coletânea de quatro ensaios que Jacques Le Goff publicou em 1999 com o título *São Francisco de Assis* (LE GOFF, 2001).

Existe ainda a necessidade de acompanhar de perto os mais recentes trabalhos dos especialistas que relacionaram o estudo do franciscanismo a questões mais específicas, associadas a desenvolvimentos recentes da historiografia como a emergência de uma nova história cultural ou de uma nova história política, e portanto considerando sob uma nova perspectiva conceitos já tradicionais como o de "cultura" ou "poder".

Estas aberturas, beneficiadas por novas metodologias e interdisciplinaridades, passaram a encontrar aplicação no estudo de aspectos como as "estratégias discursivas" e o "imaginário político franciscano", sendo oportuno lembrar aqui a obra escrita em 1999 por Jacques Dalarum com o título *São Francisco, ou o poder em questão* (DALARUM, 1999). Visando um arco de tempo maior correspondente aos limites entre o século XIII e XVI – e que nos interessará mais especialmente neste texto em vista de se examinar o desenvolvimento do franciscanismo nos séculos posteriores – há que citar o brilhante estudo de Felice Acrocca sobre "Francisco e suas imagens" (ACCROCCA, 1997), que procura rastrear no movimento franciscano a história das transformações que se vão operando na imagem de seu fundador, com isto conseguindo examinar os próprios modos de pensar ligados ao franciscanismo. O autor, é oportuno lembrar, tem contribuído ainda para a sistematização de aspectos metodológicos relacionados às fontes franciscanas.

Como estes, existem os clássicos – aqueles textos que, ao aprofundarem o estudo histórico do franciscanismo dentro de uma análise mais ampla da medievalidade, embora também em uma direção específica, conquistaram merecidamente a posição de referências obrigatórias sobre o assunto. No seu já clássico livro sobre *Os pobres na Idade Média*, escrito em 1979, Michel Mollat oferece um imprescindível capítulo dedicado à questão do franciscanismo e às ordens mendicantes, cortada transversalmente pela questão das práticas e representações que estiveram associadas à pobreza no Período Medieval (MOLLAT, 1989). Ali se examina, em maior detalhe, como o franciscanismo contribuiu para introduzir no mundo medieval uma nova representação do pobre, não mais visto como mero instrumento para a salvação do rico, e nem como alguém imerso em um "estado pecaminoso", mas sim como um ser humano a ser valorizado por si mesmo. Conforme já vimos, a obra justifica sua destacada importância em vista das relações entre a Ordem dos Franciscanos e a pobreza – seja a pobreza assumida voluntariamente como prática de vida, seja a pobreza do próximo reconhecida e assistida.

A obra de Andrés Vauchez sobre *A espiritualidade na Idade Média* (1995) é também um clássico, permitindo situar o franciscanismo no âmbito de outros movimentos religiosos de sua época e no quadro de um desenvolvimento histórico das diversas formas religiosas através de contextos que se apresentam no decurso da Idade Média. Convém lembrar, inclusive, que Vauchez publicou mais recentemente um estudo específico sobre "Francisco de Assis e as ordens mendicantes" (VAUCHEZ, 2005), que aprofunda questões que são levantadas naquela obra mais geral. A análise de Vauchez avança no sentido de verificar como, no contexto turbulento de sua época, os franciscanos conseguiram sintetizar aspectos característicos de uma autêntica tradição cristã com as aspirações, por vezes contraditórias, de vários dos movimentos religiosos que tinham marcado as gerações precedentes (VAUCHEZ, 1995: 127).

Assim, o modelo oferecido pelo próprio Francisco de Assis com a sua história de vida, nem sempre concretizado pelas sucessivas gerações de franciscanos, permitiria associar em um único movimento o objetivo apostólico e a experiência ascética, o evangelismo integral e o espírito de obediência.

As relações entre os franciscanos e o meio urbano foram examinadas atentamente por historiadores como Jacques Le Goff. Merecem destaque dois ensaios específicos sobre a interação entre os mendicantes e os meios citadinos, *Apostolat mendiant et fait urbain* (LE GOFF, 1968: 335-352) e *Ordres Mendiants et urbanisation* (LE GOFF, 1976: 939-940).

Tal como assinala o historiador francês, os meios urbanos ofereciam o terreno ideal para a nova atitude trazida por estes homens que começavam a construir um novo modelo de santidade:

> Querendo romper com a tradição monástica que preconizava a instalação na solidão, eles implantaram seus conventos (que não eram mosteiros) no meio dos homens e, a princípio, no meio daqueles "homens novos" de cujos problemas queriam encarregar-se e cujos desvios pretendiam combater, os homens das cidades (LE GOFF, 1998: 48).

"Convento", e não "mosteiro", é já uma primeira indicação a ser registrada. Georges DUBY, em um texto datado de 1966, já se preocupava em se inserir neste debate ressaltando muito claramente que o "convento" difere do "claustro" por não se fechar nele a vida dos religiosos. Não seria, neste sentido, mais do que um abrigo para o qual os frades, uma vez tendo cumprido a sua tarefa diária, poderiam regressar para dormir e partilhar a comida esmolada nos subúrbios (DUBY, 1978: 141).

Tal foi o interesse dos mendicantes em se instalarem no espaço urbano, que dominicanos, franciscanos, agostinianos e carmelitas logo teriam de chegar a um acordo concernente à sua distribuição equilibrada pela cidade. Assim, sob a mediação e determinação pontifical, chega-se a uma proposta que organiza a variedade e a quantidade mendicante no recinto urbano. Na historiografia francesa mais recente, este rastreamento da organização da diversidade mendicante no espaço urbano – com base nas fontes de época e na própria cultura material legada pelas cidades – foi abordado de maneira particularmente feliz por Jacques Le Goff:

> No interior de uma mesma cidade, em consequência de diversas medidas do papado unificadas por Clemente IV na bula *Quie plerumque* de 28 de junho de 1268, cada convento teve que se estabelecer a menos de trezentas "varas" em linha reta (cerca de 500m) do convento mendicante mais próximo (LE GOFF, 1998: 49).

O número de conventos mendicantes inseridos em uma formação urbana, aliás, é apontado por Jacques Le Goff como um indicador eficaz para repensar os padrões de dimensionamento urbano, tal como estes eram sentidos pelos próprios medievais. Da mesma forma, o sucesso mendicante nos meios urbanos pode ser avaliado pela sua migração da periferia para o centro ao longo do século XIII, à medida que os mendicantes "faziam a conquista social, financeira e moral dos citadinos" (LE GOFF, 1998: 51).

4 Problematizações

A principal singularidade do franciscanismo, em meio ao grande conjunto de propostas religiosas que emergem na Idade Média, está associada ao fato de que São Francisco – o grande fundador da Ordem e de uma nova forma de religiosidade diante da questão da inserção espiritual no mundo – tinha se proposto a renunciar não só à propriedade individual, como também à propriedade comunitária. Desta maneira, resolvia-se, ainda que de maneira inquietante, a grande contradição dos antigos movimentos monásticos em que se contraditava a pobreza individual de seus membros com a imensa riqueza coletiva de mosteiros e ordens monásticas que haviam se transformado em grandes proprietários fundiários no período medieval. Além disso, a proposta de rigorosa pobreza voluntária deveria estar combinada a uma atividade secular de assistência e sacerdócio, esta mesma voltada principalmente para os pobres e desassistidos do mundo. Desta maneira, pela primeira vez um grupo de membros da Igreja cristã, que a seu tempo receberiam a legitimidade do reconhecimento papal, apresentava-se como "pobres" aos próprios pobres, recusando-se simultaneamente a "fugir ao mundo" como haviam feito diversos monges de sua época, e a assumir até mesmo a segurança que poderia lhe proporcionar a habitual estrutura da Igreja tradicional, uma instituição que constituía certamente uma das maiores forças de riqueza e poder em sua época.

É particularmente importante observar que, ao assumirem a designação de *minores* – que no vocabulário político das comunas italianas da época era a palavra destinada a designar as categorias da população tidas como inferiores ou que estavam excluídas do poder –, os franciscanos rompiam, "discreta, mas profundamente, o laço estreito que existia entre o estado religioso e a condição senhorial" (VAUCHEZ, 1995: 127). No texto original da *Primeira Regra* (1221) torna-se muito explícita esta recusa a apropriar-se do trabalho de outrem – como haviam feito os grandes mosteiros onde a pobreza individual do homem contrastava com a riqueza coletiva de instituições monacais que constituíam verdadeiras senhorias coletivas dotadas de inúmeros servos e trabalhadores dependentes.

Adicionalmente, um outro traço de rompimento em relação aos modelos hierárquicos da época residia nesta nova concepção de uma ordem religiosa na qual clérigos e leigos situavam-se em perfeita condição de igualdade, o que afrontava a tradicional cisão entre *oratores* e *laboratores* que havia sido tão ciosamente cultivada pela Igreja em uma rede intertextual cujas origens remontam aos textos primordiais de Adalberón de Laon e Gerardo de Cambrai. A percepção da permanência do imaginário das três ordens, mesmo já em períodos posteriores através de textos como o *Tratado das ordens e simples dignidades* de Charles Loyseau (DUBY, 1982: 26), já em pleno século XVII (1610), permite entrever que a tensão gerada pelo discurso mendicante em relação ao sistema hierárquico de sua época não deixava de se atualizar. O franciscanismo, ao seu modo, rompera com um certo ordenamento do mundo, que interessava simultaneamente aos poderosos do mundo laico e do mundo eclesiástico, e que encontrara na ideologia da trifuncionalidade medieval a sua expressão mais acabada.

Resta então refletir sobre o problema. Por que, apesar de tantos traços que afrontam o discurso hierárquico de sua época, os franciscanos foram a seu tempo incorporados à Igreja como ordens menores?

Certamente que, de um lado, seria preciso nos referir à sensibilidade de Inocêncio III com relação aos problemas de sua época. Recolhendo uma experiência em que a Santa Sé tivera de enfrentar as novas formas de religiosidade, a elas classificando por vezes como heresias, ao papa não teria passado desapercebido um aspecto que também não deixava de constituir a complexa singularidade dos franciscanos e de outras ordens mendicantes. A "obediência" à Igreja era colocada pelos franciscanos como um princípio fundamental, o que os diferenciaria francamente dos valdenses que, mesmo proibidos de pregar pelo bispo local, optaram por afrontar a hierarquia eclesiástica em favor do apostolado evangélico que haviam assumido como missão. Do mesmo modo, ao contrário dos cátaros, que afrontavam diretamente a intermediação dos padres e a necessidade de seguir os sacramentos ordenados pela Santa Sé, a proposta franciscana era claramente a de integrar a estrutura da Igreja. Não é de se estranhar que as ordens menores e a ordem dos pregadores dominicanos, habilmente assimiladas pelo papado, tenham sido incumbidas de funções importantes que, para a Igreja, emergiam como necessidades daquela época: a divulgação da prática da Confissão, para a qual os franciscanos foram muitas vezes designados, e a repressão das heresias através da Inquisição, missão que logo caberia historicamente a alguns dos dominicanos.

Ainda com relação ao imaginário de poder presente no pensamento franciscano, já se observou, também, que as cidades mostraram-se desde logo como campos privilegiados para a missão apostólica dos franciscanos precisamente porque permitiam associar a "fraternidade" às solidariedades horizontais tão típicas dos meios urbanos (MOLLAT, 1989: 121). Ao esquema vertical e hierarquizado do prelado que "desce às suas ovelhas", os franciscanos e outras ordens mendicantes traziam uma nova forma de solidariedade onde a própria pobreza era partilhada, onde se dissolvia o sentimento de superioridade que muitos dos clérigos possuíam por se representarem a si mesmos como uma ordem superior no triângulo da trifuncionalidade.

Será preciso levantar ainda um outro lado do problema. Com a expansão do franciscanismo e sua transformação em ordem, mostrou-se necessário aos fundadores do movimento criar uma hierarquia dirigida por um ministro geral e que a seguir se desdobra em "ministros" das províncias e em "guardiões" dos conventos, o que já aparece na *Regula Bullata* que foi aprovada pelo papado em 1223. As tensões de uma comunidade mendicante com as hierarquias que ela mesma deveria gerar enquanto ordem institucionalizada foram na medida do possível contornadas com a preocupação de que todas as suas funções hierárquicas fossem eletivas e provisórias. Desta maneira as necessidades prementes de o pensamento e prática religiosa franciscana se materializarem institucionalmente em uma ordem, lidando a partir daí com a diversidade interna e confrontando-a com uma sociedade externa tão rigidamente hierarquizada e plena de desigualdades econômicas, seja no século fundador ou nos séculos subsequentes, logo colocaria em questão a ideia discutida por alguns historiadores de uma "utopia franciscana" (VAUCHEZ, 1995: 130). A "utopia franciscana" seria realizável? A história do movimento não responde a esta indagação, senão com as inevitáveis contradições, como a da gigantesca e suntuosa Basílica de Assis, decorada pelos mais conhecidos pintores da época, e que foi erguida por um dos sucessores de São Francisco para guardar os restos mortais daquele que havia assumido por missão viver uma vida na mais pura pobreza, mas que, depois de morto, sobreviveria à sua própria morte eternizado por uma arte brilhante e opulenta, em contradição com um imaginário que permaneceria igualmente vivo e que continuaria inspirando movimentos posteriores.

5 Novos tempos

As últimas décadas do século XIII preparam as divisões que estariam por vir. Entrar-se-á em uma nova etapa da história do franciscanismo, e também do movimento mendicante como um todo. Em 1277, a escolástica – que abrigava a parte mais letrada das ordens mendicantes na pessoa dos mestres universitários franciscanos e dominicanos – sofre um abalo irremediável com a condenação de alguns textos que haviam constituído até então o corpo canônico do qual os filósofos e teólogos deveriam extrair a matéria de seus problemas acadêmicos. Há uma condenação de alguns textos aristotélicos e das posições mais racionalistas, na verdade expressão de divisões internas que acabaram a certa altura por opor filósofos e teólogos mais conservadores. Daí emergiriam novas correntes de pensamento no âmbito da escolástica desenvolvidas por franciscanos e dominicanos, como seria o caso do misticismo de João Duns Escoto ou do nominalismo de Ockham.

Mas as grandes rupturas estariam por se dar fora das disputas acadêmicas que constituíam o mundo escolástico dos universitários. O Concílio de Lyon marca um ponto de virada em diversos níveis, pois o papado resolvera intervir em uma questão muito cara à maioria dos franciscanos. Ao dispensar do "voto da pobreza" um franciscano chamado Jerônimo Áscoli, o papado trouxe à tona nos últimos anos de século XIII uma questão que já fervilhava há algumas décadas no seio da Ordem dos Menores. Desde a morte de São Francisco de Assis, estava no ar a questão do rigor a partir do qual os franciscanos deveriam seguir o modelo de vida inspirado pelo seu fundador. A ideia da "pobreza voluntária" – não apenas no âmbito individual, como ocorria em diversas ordens monásticas, mas também no âmbito coletivo – constituía, como já se colocou, um dos principais pontos de originalidade do franciscanismo. Por outro lado, o que permitira a São Francisco concretizar os radicais ideais evangélicos de seu grupo no interior da estrutura eclesiástica fora a sua declaração de "obediência ao papado" como outro de seus princípios fundamentais, e o *Testamento* que deixa aos seus companheiros franciscanos reitera isto uma última vez. No final do século XIII acontecimentos precipitam essa contradição: seria facultado ao papado, a quem os franciscanos deviam obediência primordial, o direito de interferir neste outro princípio fundamental da Ordem que era a questão da recusa em ter bens mesmo em comum?

A corrente dos "espirituais" estabelece-se precisamente entre aqueles que cerram fileiras em torno dos princípios fundadores da pobreza franciscana. Mas alguns vão mais além. Embora algumas bulas papais posteriores tenham expressado a tentativa de amenizar o conflito que surgira tão enfaticamente com o Concílio de Lyon (o *Exiit qui seminat* de Nicolau III, de 1279, e *Exultantes* de Martinho IV, de 1283), um grupo mais radical decidiu recorrer mais tarde ao Papa Celestino IV, que lhes autorizou saírem da Ordem para constituírem um grupo novo. Os papas subsequentes decidiram contudo dispersá-los ou persegui-los, o que se dá mais enfaticamente sob João XXII (1316-1334). Uma declaração deste último papa sobre a Regra Franciscana, mas tendo em vista os dissidentes que estavam a ponto de afrontar o papado – conclui enfaticamente com a seguinte afirmação: "Grande é a pobreza, mas maior é a integridade. O máximo é o bem da obediência" (*Quorundam exigit*, 1317).

Na bula *Santa Romana* (1317), João XXII chega a condenar alguns dos grupos mais radicais de *espirituais* como rebeldes, associando estes que logo seriam conhecidos como *fraticelli* a outros grupos heréticos como os beguinos. Este longo episódio que se iniciara em fins do século XIII e atingira a segunda década do século XIV, passando por uma sequência de papas até chegar em João XXII, expõe os claros sintomas não apenas de um movimento franciscano que começa a se fragmentar e perder a sua identidade inicial, mas também de uma Santa Sé hesitante e dividida que logo enfrentaria suas próprias cisões, sem contar as divisões que também começariam a ameaçar de fragmentação a Igreja como um todo. O século XIV será de fato século de cismas, de propostas reformistas que ainda não sairiam vitoriosas, de revivescência de antigas e novas heresias. Para a questão que nos interessa, as contradições entre o movimento franciscano mais radical e o papado teriam ainda outros lances que não deixariam de envolver também o poder temporal, já que o Imperador Luís da Baviera tomaria o partido dos franciscanos contestadores. Esta questão, e outros interesses mais complexos envolvendo as antigas contradições entre Império e papado, desembocariam mais adiante no Grande Cisma.

Este será, portanto, o segundo século de existência do franciscanismo: um século XIV que praticamente se abre com as terríveis fomes de 1315 e 1316, com a crise de um mundo superpovoado que já enfrentava seus limites produtivos e que dentro em breve se veria abatido pela Grande Peste de 1348, e que ao mesmo tempo logo estaria abalado pela partilha de uma Igreja Católica ameaçada por cismas papais e sacudida por novas propostas reformistas mescladas a movimentos sociais violentamente sufocados. Neste novo mundo em crise, a imagem de São Francisco parte-se em novas possibilidades. Dos "espirituais" – aquela corrente franciscana que pretendia seguir rigorosamente o exemplo de São Francisco para daí fazer da pobreza um absoluto – não demoraria muito a surgirem movimentos desejosos de realizar na terra a "utopia franciscana", sob o prisma de uma eclesiologia radicalmente anti-hierárquica (VAUCHEZ, 1995: 133). A condenação destes que foram denominados *fraticelli* retrata bem este período de tensões sociais de onde partiriam tanto os mais desesperados anseios de libertação como também uma violenta ação repressora que adentra o século XIV dando continuidade ao projeto da Inquisição, definitivamente estabilizado sob a responsabilidade da ordem mendicante dos dominicanos. De igual maneira, ao nível dos estados que começam a consolidar seus mecanismos de centralização, tomam forma na Inglaterra os *Estatutos dos trabalhadores* e legislações similares na França e outros países, todas destinadas a controlar uma força de trabalho que começa a se insurgir contra condições desfavoráveis ou mesmo insuportáveis de trabalho.

É neste quadro convulsionado que florescem os *fraticelli*. Rígidos defensores da "pobreza absoluta" que julgavam preservar como a verdadeira herança franciscana, eles costumavam viver em lugares isolados ou em eremitérios, ao mesmo tempo em que continuavam a usar o hábito dos franciscanos e, como estes, a organizarem-se em províncias governadas por um geral. A bula *Gloriosam ecclesiam* (1318), que condenava os espirituais da Toscana refugiados na Sicília, menciona entre os erros da nova seita a ideia de que existiriam duas igrejas: uma espiritual (a igreja pobre dos *fraticelli*) e a outra carnal, identificada com a Igreja Romana. Percebe-se aqui a incorporação, mesmo que vaga, de algo do pensamento dualista que lembra as heresias do século anterior. Expelidos para fora do circuito eclesiástico da Santa Sé, os *fraticelli* começavam a se aproximar de propostas de outros movimentos heréticos e a negar a validade dos sacramentos, uma vez que estes estariam sendo administrados por sacerdotes ilegítimos, autorizados por uma hierarquia que eles não mais reconheciam. Por outro lado, alguns deles também passaram a compartilhar das ideias de Joaquim de Flora sobre o fim do mundo. Sua difusão, sobretudo na Itália, foi particularmente favorecida pelas circunstâncias da época: o exílio dos papas em Avignon e o cisma do Ocidente, a luta das comunas italianas contra a autoridade eclesiástica. Combatidos e perseguidos pela Inquisição, os *fraticelli* terminariam desaparecendo por volta da metade do século XV.

O franciscanismo, enfim, estabilizar-se-ia como instituição que, de um lado, muitos já não viam como capaz de preservar na sua pureza original os ideais de São Francisco de Assis, e que, de outro lado, havia explorado os seus limites chegando à necessidade de excluir da Ordem aqueles que foram julgados transgressores. Estabilizada, a Ordem Franciscana perderia um pouco da força que nos tempos medievais dela fizera um dos grandes motores da história religiosa.

■ Referências

Bibliografia

ACCROCCA, F. (1997). *Francesco e le sue immagini* – Momenti della evoluzione della coscienza storica dei frati minori (séc. XIII-XVI). Pádua: Centro di studi antoniani.

DALARUM, J. (1999). *François d'Assise ou le pouvoir em question* – Principes et modalités du gouvernement dans l'Ordre des Frères Mineures. Paris/Bruxelas: DeBoeck Université.

DUBY, G. (1982). *As três ordens ou o imaginário do feudalismo.* Lisboa: Estampa.

______ (1978). *O tempo das catedrais.* Lisboa: Estampa.

LE GOFF, J. (2001). "Franciscanismo e modelos culturais do século XIII". *São Francisco de Assis*. São Paulo: [s.e.].

______ (1998). *O apogeu da cidade medieval*. São Paulo: Martins Fontes.

______ (1976). "Ordres Mendiants et urbanisation". *Annales ESC*, p. 939-940.

______ (1968). "Apostolat mendiant et fait urbain". *Annales ESC*, 23, p. 335-352.

MOLLAT, M. (1989). *O pobre na Idade Média*. Rio de Janeiro: Campus.

VAUCHEZ. M. (2005). *Francesco d'Assisi e gli ordini mendicanti* – Medioevo Francescano, Saggi 10. Assis: Porziuncola.

______ (1995). *A espiritualidade na Idade Média Ocidental*. Rio de Janeiro: Zahar, 1995.

6

Escolástica e história*

1 Proposições iniciais

O crescente fortalecimento da história cultural, nos últimos anos, tem contribuído para incrementar um sensível interesse dos medievalistas pelo estudo da escolástica. Este grande movimento que foi certamente a principal contribuição da Idade Média à Filosofia passa aqui a ser visto também como um objeto de estudo importante para iluminar não apenas o universo cultural da Idade Média, mas também a sua economia, as suas relações políticas, as relações sociais, ou mesmo a história da cultura material. Atravessando todo o período de expansão feudal e adentrando o período da crise medieval nos séculos XIV e XV, a escolástica sinaliza com seus próprios desenvolvimentos as transformações histórico-sociais que se operaram nas várias fases da Idade Média e nos vários âmbitos da vida do homem medieval. Frequentemente, e disto os historiadores se apercebem com clareza cada vez maior, os rumos do pensamento escolástico se veem interferidos por questões de ordem econômica, política e social; e, com a mesma frequência, é possível também comprovar, este mesmo pensamento escolástico mostra-se

---

* Originalmente publicado na Revista *Textura* [Revista da Universidade Luterana Brasileira (Ulbra)], vol. 13, 2006, p. 17-24.

interferente no mundo que o produziu transformando-o, fornecendo-lhe instrumentos para a mudança, ofertando-lhe limites e aberturas que ajudaram a redefinir os caminhos disponíveis para os homens medievais.

O presente ensaio buscará trazer para primeiro plano um pouco da reflexão historiográfica que se tem desenvolvido em torno da complexa interação entre a escolástica e a história que a produziu. Neste sentido, começaremos por delimitar com maior clareza os parâmetros temporais dentro dos quais examinaremos o universo escolástico.

Em que pese que algumas sínteses produzidas no âmbito da história da Igreja e da história da Filosofia considerem a escolástica num arco mais amplo, dentro do qual são identificadas várias fases que remontam a períodos mais recuados, estaremos nos referindo aqui – para uma reflexão historiográfica da escolástica que se mostre diretamente relacionada a uma série de aspectos típicos do período feudal – à escolástica que se desenvolve a partir de fins do século XII, que atinge o seu apogeu no século XIII, e que entra em uma fase já transformada a partir de 1270 no contexto do surgimento de novas correntes que já desfiguram o sistema inicial.

Antes de iniciarmos uma pequena revisão historiográfica e uma exposição de fontes primárias importantes para o estudo da escolástica, consideremos alguns elementos essenciais que ajudarão a delimitar melhor o nosso objeto de reflexão. A escolástica guarda antes de qualquer coisa íntimas relações com a universidade: não apenas os grandes pensadores da escolástica serão os mestres das universidades que começam a surgir nas proximidades do século XIII, como a própria estrutura corporativa da universidade, dividida em saberes especializados – a Filosofia, a Medicina, o Direito, a

Teologia – corresponde também à maneira como vai se organizando o saber escolástico desde o princípio. Aqui teremos, de fato, um saber especializado, e alguns autores chegam a falar em quatro escolásticas distintas, embora notando que a Filosofia também é tronco comum e necessário para o desenvolvimento das três outras escolásticas, ligadas aos saberes médico, jurista e teológico desta época (ALESSIO, 1992: 170).

Em segundo lugar, deve-se ressaltar que a escolástica apresenta uma série de características interligadas. Diremos que de um lado mostra-se como uma espécie de saber "autorreferente", que apresenta uma baixíssima taxa de incorporação de elementos exteriores para além daqueles que desde o princípio foram se constituindo na escolástica em um corpo fechado de "textos canônicos". A escolástica fundamenta-se, neste particular, no "princípio de autoridade": será uma ciência do comentário, e por mais magistrais e criativas que sejam as elaborações produzidas por seus mestres, existirá sempre uma série de textos canônicos dos quais os mestres escolásticos deverão extrair toda a exposição de seus pensamentos. Guardemos esta característica, pois ela permite que a escolástica associe-se a um padrão de autossuficiência e fechamento sobre si mesma que também veremos em outros esquemas corporativos e tendências autossuficientes do período.

Os textos canônicos variam conforme as quatro áreas do saber, mas é possível citar aqui um certo fundo comum que todos referenciam. Há de saída uma base aristotélica importante: a Ética e a Lógica (mas ao mesmo tempo em que persiste a interdição de certos textos aristotélicos). Assinala-se a presença de Donato, Porfírio e Prisciano, e obviamente os primeiros Padres da Igreja, com destaque para Santo Agostinho. Por fim, Averróis, médico e comentarista árabe de textos de Aristóteles, é incorporado em outro momento. A partir deste fundo comum, a escolástica vive de uma peculiar combinação de textos herdados da herança latina dos primeiros autores cristãos com um certo substrato de textos derivados do saber greco-romano e, em alguma medida, também dos muçulmanos.

Eis ainda que a própria língua, um latim fossilizado numa formalização que também se fecha sobre si mesma, complementa de maneira bastante cômoda o fato de que a escolástica se apresenta como corpo fechado de saber. A *Summa* será o seu típico gênero literário, um texto cuidadosamente elaborado, subdividido e monumental por excelência – a ponto de autores como Panofsky estudarem suas relações com o caráter monumental das catedrais que começaram a ser construídas por esta mesma época (PANOFSKY, 1951). O *livro*, por fim, é o seu instrumento – não mais um livro para ser guardado como tesouro, mas um livro que realmente se destina a circular no âmbito de leitores especializados, e a se tornar efetivamente instrumento de estudo que se presta à leitura e à multiplicação de cópias.

Quanto aos atores sociais que daí emergem, a escolástica é não simplesmente produto da cultura eclesiástica, mas abre-se mais especialmente à confluência de duas novas correntes religiosas que surgem no século XII sob o rótulo de "ordens mendicantes": os franciscanos e os dominicanos. De seus quadros sairão os mestres da escolástica. Para seus próprios fins, como pregadores que precisam da lógica e da retórica para desenvolver uma eficaz capacidade de convencer através da pregação, os dominicanos utilizarão a escolástica como base essencial de formação.

Desde o princípio, eles são encarregados de combater a heresia, e será uma de suas principais funções a pregação com vistas a recompor um quadro de fiéis que se vê abalado desde o século XII por novas e por vezes ameaçadoras formas de religiosidade; logo adiante se tornarão também os inquisidores oficializados pelo papado. Para pregar e inquirir, a escolástica os instruirá tanto numa forma especial de pensar como de falar, que bem saberão adaptar quando tiverem diante de si o povo mais ignorante ou o herege mais perturbador.

Os franciscanos, por fim, dela também saberão tirar proveito, embora os historiadores já tenham observado que a relação com a escolástica não é tão espontânea com os franciscanos como ocorre com os dominicanos. Enfim, essas duas ordens também produzirão uma divisão inicial – de um lado os escolásticos mais ligados aos dominicanos, mais fortemente influenciados pelo pensamento aristotélico e em alguns casos pelos averroístas; de outro lado, os escolásticos ligados aos franciscanos, mais inspirados em Santo Agostinho, e também por vezes nos neoplatônicos. Ao fazerem suas reflexões serem geradas sobretudo de um movimento intimista produzido pela meditação, os escolásticos franciscanos contrastam de modo geral com os dominicanos, para os quais o movimento inicial do saber procede da abstração.

Por fim, o ponto essencial. O que traz uma verdadeira unidade à escolástica é o seu método: o mestre escolástico deve extrair do texto canônico – que traz à escolástica o princípio de autoridade – a matéria para um problema, e a partir daí desenvolvê-lo em relação a um interlocutor imaginário pronto a lhe opor objeções. A base do método é o desejo de explicitar tudo, esgotando sistematicamente todas as possibilidades. O método escolástico desenvolve-se em torno de alguns pontos essenciais, entre eles a "precisão vocabular" e a "Dialética" – conjunto de operações que fazem do objeto de saber um problema que será exposto e sustentado contra o interlocutor real ou imaginário. Para tal, parte-se da *lectio*, que é o comentário do texto, e em seguida empreende-se a análise de profundidade que principia com a própria análise gramatical destinada a revelar o sentido literal, para depois se passar à explicação lógica.

Contudo, este comentário gera discussão, de modo que a dialética permite ultrapassar a compreensão do texto para tratar dos problemas que ele suscita. Desta maneira, a *lectio* desenvolve-se em *questio*. O momento seguinte ocorre quando a própria *questio* torna-se objeto de discussão entre mestres e estudantes, gerando a *disputatio*. Esse método era o mesmo nas quatro escolásticas ligadas aos saberes divididos nas universidades medievais, e por isto pode-se dizer que o método era o grande elemento de unidade da escolástica como um todo.

Situados estes parâmetros iniciais que melhor delimitam nosso objeto de análise, amparemo-nos em algumas referências historiográficas importantes.

2 Discussões historiográficas

A escolástica tem sido estudada por inúmeros historiadores e também por estudiosos de outras áreas. Algumas teses extremamente originais envolvendo as relações da escolástica com outros fenômenos de seu tempo – notadamente no que concerne à escolástica que se mostra em seu pleno apogeu no século XIII – tornaram-se clássicos ou obras polêmicas que até hoje estimulam novas reflexões historiográficas. Um exemplo nos foi dado em 1951 pela brilhante tese de Panofsky sobre as relações entre a *Arquitetura gótica e a escolástica*, tese por vezes criticada nos tempos mais recentes, mas que nem por isso tem deixado de inspirar novas reflexões historiográficas (PANOFSKY, 1991). O ponto de partida central de Panofsky é o de que existe uma perfeita sincronia entre a escolástica e a arte gótica, tanto no sentido de que são fenômenos coextensivos como no sentido de que suas fases internas coincidem, de modo que as grandes realizações que marcam estas fases poderiam ser objeto de comparação. Assim, a *Summa* – novo gênero que se mostra como uma das principais realizações do estilo escolástico em seu período de apogeu, corresponderia às grandes inovações da arquitetura gótica. Um exemplo privilegiado seria a *Summa Theologie* de Alexandre de Hales, que começa a ser elaborada em 1231, precisamente no mesmo ano em que Pierre de Montereau inicia a construção da nova nave de Saint-Denis, certamente um marco da arquitetura gótica do século XIII. Os cinquenta anos posteriores a 1277, ano de grandes questionamentos contra os quais devem se defender os escolásticos e também de novos desdobramentos internos, corresponderiam a uma dissolução do sistema existente, na qual teria havido um declínio na confiança na razão com a consequente substituição da *Summa* por formas de exposição menos sistemáticas, tudo isto ocorrendo em paralelo a desenvolvimentos similares no tipo de arte gótica que animara as décadas posteriores. As teses de Panofsky, certamente instigantes, mereceram críticas, comentários diversos, e mesmo reinterpretações de suas propostas com vistas a novas possibilidades.

Valendo-se da senda iniciada por Erwin Panofsky, é aliás oportuno lembrar a comparação proposta por Pierre Chaunu entre a obra de Duns Escoto, um escolástico que se projeta a partir da viragem escolástica de 1277, e o novo estilo gótico da mesma época. Observa ele que o gótico perde a sua majestosa simplicidade e começa a se tornar mais pesado, cedendo à virtuosidade. Diante disto Chaunu indaga: não é a tentação da virtuosidade juntamente com a inquietude a principal característica de Duns Escoto? (CHAUNU, 1993: 94). As possibilidades comparativas seguem adiante, e ainda hoje continuam despertando polêmicas vigorosas algumas das hipóteses mais provocativas de Panofsky, como a da possibilidade de comparar a base de desenvolvimento das catedrais góticas ao *modus operandi* do pensamento escolástico – por exemplo, a *disputatio*.

Também aparecem no instigante ensaio de Umberto Eco sobre a *Arte e beleza na estética medieval* algumas proposições acerca de correlações entre as concepções estéticas da Idade Média e a escolástica – notadamente a partir de uma atenta e cuidadosa análise de textos e do discurso produzido por alguns de seus principais expoentes, como Boaventura, Santo Tomás de Aquino, Ockham e Duns Escoto.

À parte estas sempre audaciosas correlações entre a escolástica e outros fenômenos da cultura, têm havido alguns consensos entre os historiadores mais preocupados em atingir correlações amplamente sustentadas pela documentação e fatos bem conhecidos da época. Uma correlação imediata é a da emergência da escolástica e o surgimento das universidades, e esse aspecto é o primeiro a ser relacionado por Franco Alessio em seu ensaio introdutório sobre a escolástica, apresentado como verbete para o *Dicionário de História Medieval* organizado por Jacques Le Goff e Jean-Claude Smith. Enquanto a universidade é o corpo fechado e constituído por mestres, a universidade apresenta-se como o ensino magistral que esta mesma escolástica tem por função proporcionar. Esta sincronicidade é muito bem salientada por Alessio, que faz notar que o humanismo que se afirma a partir do século XV é tão estranho à instituição universitária como radicalmente antiescolástico.

Ao mesmo tempo em que reconhece as comprovadas sincronias observadas por diversos historiadores, Pierre Chaunu, em seu *O tempo das reformas (1250-1550)*, observa em outros momentos também as assincronias ou desenvolvimentos independentes perceptíveis em alguns aspectos da escolástica. A escolástica é vista aqui – e este é um dos méritos deste autor – como um modo de pensamento complexo. Chaunu utiliza aqui o conceito de "estrutura autônoma organizada", ressaltando que a escolástica apresenta-se essencialmente virada sobre si própria e não imediatamente influenciada pelos planos demográficos, econômicos e sociais. Chaunu chega mesmo a comentar que a escolástica sofre uma profunda modificação no final do século XIII, mas que essa modificação é quase independente do meio (CHAUNU, 1993: 79).

Finalmente, será fundamental citar uma obra bastante específica de Jacques Le Goff – *Os intelectuais na Idade Média* – onde o historiador francês estabelece as devidas relações entre a escolástica, as universidades, o movimento urbano – bem como uma nova maneira de pensar e agir que clama por novos objetos, como é o caso do livro, que se torna um livro circulante, bem distinto do livro da Alta Idade Média. Importante notar que, neste caso, os próprios livros precisaram ter seu formato transformado: precisaram ser menores, mais manejáveis e transportáveis do que os livros *in-fólio* de grandes dimensões que eram somente apropriados para as abadias que os conservavam (LE GOFF, 1993: 73).

Sobre a questão do método – que é talvez a mais importante, já que o método é precisamente o que traz uma unidade à escolástica – há também textos que esclarecem o método da escolástica, como *Introduction à l'etude de Saint Thomas d'Aquin*, do Padre Chenu (1974).

Com relação às fontes primárias, a escolástica desenvolvida nas universidades produz uma rica quantidade de fontes, pois além dos textos canônicos que integravam o programa deveriam ser conservados os cursos dos professores. Também os estudantes deveriam tomar sistematicamente notas deles, e estas *relationes*, como eram chamadas, foram conservadas em certo número (LE GOFF, 1993: 72). A publicação do texto oficial dos cursos em diversos exemplares também assegura a riqueza de fontes. Por fim, os próprios estatutos das universidades constituem fontes importantes.

3 Novos desenvolvimentos: a escolástica no século XIV

O ano de 1277 representará um marco para a crise da assimilação cristã do aristotelismo, e ao mesmo tempo um ponto de mudança do pensamento escolástico. Já após a morte de Santo Tomás de Aquino, o Bispo Etiene Tempier de Paris começa a denunciar neste ano de 1277 os riscos que existiriam na adoção do pensamento aristotélico para um pensamento cristão que deveria estar alicerçado na revelação. O pretexto é uma querela que opõe a afirmação da infinita liberdade de Deus a um mundo regido por imperativos lógicos, com base no aristotelismo que fora sustentado durante todo o século pela maior parte dos mestres escolásticos. Apoiando-se em um grupo de teólogos, Tempier terminaria por ser bem-sucedido na condenação de 219 erros encontrados nas obras dos mestres de Paris. Isto produziria um sensível abalo no movimento escolástico.

Na verdade, a querela de 1277 desdobra-se de divisões que a própria escolástica já comportava, grosso modo, opondo os mestres mais ligados à Filosofia aos mestres mais ligados à Teologia, estas que eram duas das quatro especialidades presentes desde o início na estrutura da universidade e da escolástica enquanto campo de saber. Ou seja, o confronto remete, de algum modo, a uma desconfiança que se fortalece na Faculdade de Teologia em relação às audácias filosóficas da Faculdade de Artes. Isso vai ficando bastante claro a partir de 1267, quando vinham se acirrando os conflitos entre os filósofos liderados por Siger de Brabante (1240-1284) – contemporâneo de Santo Tomás de Aquino e que agora representava um racionalismo aristotélico mais rigoroso – e os teólogos que se opunham à primazia da exigência filosófica diante da letra da palavra de Deus. O ambiente escolástico estava bem dividido, e São Boaventura – ministro geral da Ordem Franciscana e ele mesmo um dos pensadores mais destacados dos meios universitários – alertava agora com bastante veemência contra os perigos de um novo paganismo baseado nas atitudes "racionalistas e naturalistas" de alguns dos mestres parisienses (VAN STEENBERGHEN, 1951: 305).

Enquanto isso, entre 1269 e 1271, uma ruptura também se estabelecia a partir do confronto entre Santo Tomás de Aquino (1225-1274) – que tentava salvar o aristotelismo por outros caminhos filosóficos distintos do racionalismo de Siger de Brabante – e Jean Peckam, teólogo franciscano que liderava os mestres partidários do neoagostinismo.

Novamente a questão de base era uma discussão que poderia ser resumida com uma indagação: "Deus estava acima da Lógica, ou haveria limites para o próprio Criador do universo, que não poderia criar mundos ilógicos?" Todo este ambiente prepara a querela de 1277, que finalmente penderia a favor dos teólogos mais conservadores. Ao mesmo tempo em que a querela de 1277 resolvia-se desfavoravelmente aos filósofos de maior base aristotélica, João Duns Escoto (1266-1308) – filósofo escocês e franciscano que neste aspecto logo seria seguido por todos os pensadores nominalistas do século XIV – começa a colocar em xeque a fragilidade da construção lógica dos mestres otimistas do século XIII (CHAUNU, 1993: 80). O pensamento escolástico nominalista do século XIV será mais cético, mais pessimista, por vezes mais próximo da revelação cristã. E outras correntes surgirão, tendentes ao misticismo.

Tal como ressalta Etienne Gilson no seu tratado sobre *A Filosofia na Idade Média*, de modo geral os grandes pensadores do século XIII acreditaram na possibilidade de unir a teologia natural e a teologia revelada, "a primeira concordando com a segunda nos limites de sua própria competência e reconhecendo a sua autoridade em todas as questões relativas a Deus e que ela própria não conseguia resolver" (GILSON, 1958: 638). O grande esforço dos escolastas era determinar um ponto de vista onde todos os dados da fé e todos os conhecimentos racionais pudessem surgir como elementos de um único sistema intelectual (GILSON, 1958: 638). Apesar destes esforços, o desenvolvimento da escolástica no século XIII terminou por não oferecer uma única resposta ao problema, mas várias, de São Boaventura a Santo Tomás de Aquino ou Alberto Magno, passando pela alternativa averroísta que concluía que era insolúvel o problema da conciliação entre a filosofia natural e a teologia revelada. Os confrontos de 1277 expressam os sintomas desta crise, e preparam as alternativas que emergirão no século XIV, em particular a crítica teológica da filosofia, ou ainda, como, ressalta Etienne Gilson, também da Filosofia a certas instâncias da Teologia. Misticismo e humanismo serão alternativas que se abrirão no espaço desta crise.

Duns Escoto já pertence ao século XIV pelo menos relativamente a dois aspectos importantes: o seu retraimento cético e a escalada na abstração (CHAUNU, 1993: 93). De fato, o seu ceticismo moderado não lhe interdita a possibilidade de reconstituir um sistema partindo do mais abstrato. Por outro lado, movimentando-se em uma motivação claramente religiosa, embora sem defender uma posição anti-intelectualista, Duns Escoto começa por se demarcar do racionalismo dos grandes sistemas que, na escolástica do século XIII, confiavam à demonstração os dados fundamentais da dogmática cristã (CHAUNU, 1993: 95). Sem rejeitar a capacidade de conhecimento de Aristóteles ou Averróis, Escoto sustenta que este conhecimento não é suficiente para assegurar a salvação (GILSON, 1951).

É assim que, em *Opus Oxoniense*, o primeiro dos dois comentários de Duns Escoto sobre o *Livro das sentenças*, registra a sua orientação em relação à polêmica questão da suficiência ou insuficiência da razão natural: "Será necessário inspirar ao homem, de forma natural, no estado em que se encontra, uma doutrina de tal forma especial que ele não poderia atingir pela luz natural do intelecto".

Com relação à crucial questão que já havia sido colocada em 1277 como ponto de ruptura e mudança da escolástica – a questão sobre a liberdade de Deus ou sua sujeição a um universo lógico que não poderia ser transposto nem mesmo pelo Criador – Duns Escoto insistirá enfaticamente na liberdade radical da ação de Deus. Em contraste com os grandes sistemas de pensamento da escolástica realista do século XIII, o pensamento de Duns Escoto é impregnado de irrealismo místico, sob o ângulo da inserção no sensível e no quotidiano (CHAUNU, 1993: 99).

Mas, por fim, ele já está perfeitamente inserido nos novos tempos, com o matiz de uma "angústia quase existencial", para retomar as palavras de Pierre Chaunu. Sua principal contribuição para o ambiente religioso e filosófico que se seguiria é proclamar "a liberdade total de Deus e a irredutível particularidade do ser humano, como reflexo livre da vontade de Deus" (CHAUNU, 1993: 101).

Guilherme de Ockham (1290-1349) – franciscano que inicia seus estudos em Oxford – representará a segunda força inicial redefinidora do pensamento escolástico no século XIV. Na verdade, tal como observa Chaunu, ele "só penetra no interior do aristotelismo para melhor o desmantelar" (CHAUNU, 1993: 103). O nominalismo que será introduzido por Ockham no pensamento escolástico, na verdade destruindo-o ou desmantelando-o, traduz de certo modo a consciência de um fracasso do antigo pensamento escolástico diante de um novo mundo para o qual já não fornece as respostas. O novo mundo, sob o peso daquilo que Chaunu verá como uma crise de um mundo superpovoado diante de espaços que se fecharam, anseia por novas soluções bem distintas da tentativa de racionalidade aristotélica mesclada à teologia que se pode construir a partir de um corpo canônico e fechado de textos. Novas respostas estarão no misticismo, na nova devoção, na atitude mais pastoral diante da vida. O nominalismo será uma das expressões deste novo tempo.

O nominalismo desenvolve extraordinariamente o instrumento lógico precisamente para mostrar a impossibilidade de basear o dogma na filosofia. Dito de outra forma, trata-se de rejeitar expressamente a possibilidade de submeter a essência divina às análises especulativas na razão natural, o que faz do ockhamismo uma vanguarda de outras correntes que lhe seguiriam na crítica ao racionalismo escolástico, entre elas o misticismo e o próprio humanismo. Levando a sua rejeição da escolástica mais racionalista às últimas consequências, a alternativa proposta por Ockham acentua a separação iniciada entre filosofia e teologia. Desautorizando as imensas cadeias de articulações racionais, Ockham apenas reconhece como válido um único tipo de demonstração: uma proposta só está demonstrada se ela é imediatamente evidente, ou se ela se deduz necessariamente de uma outra proposição evidente. O conhecimento intuitivo, desta maneira, afirma-se perante o conhecimento alicerçado na experiência.

Um exemplo da proposta antirracionalista de Ockham está na sua resposta à antiga questão escolástica da onipotência divina e da "possibilidade de criação de mundos não lógicos por Deus". Nesta questão, Ockham e os nominalistas tomam partido, a *posteriori*, de Tempier, para quem nada poderia limitar a onipotência divina. Opondo-se simultaneamente ao Deus de Averróis, considerado como puro intelecto, e ao Deus de Avicena, cuja vontade segue necessariamente o seu intelecto, Ockham rejeita a proposição do necessitarismo greco-árabe afirmando que, se Deus o tivesse desejado, não há nada que não pudesse ser de outra forma (CHAUNU, 1993: 107). Afirma-se aqui uma contingência radical, que consiste em encarar os problemas do ponto de vista do poder absoluto de Deus.

O sucesso da via aberta por Ockham deve ser compreendido no contexto de sua época. Assim, "a sucessão de catástrofes cada vez mais graves e próximas, até o cataclismo de 1438-1439, que faz desaparecer de 35 a 40% dos homens da Cristandade latina, a criação de novas estruturas, contribuem para edificar um mundo imprevisível, realmente contingente. Qualquer sistemática que pretenda ligar o universo a uma estrutura necessária, portanto previsível, parece, depois da Peste Negra, desprovida de sentido" (CHAUNU, 1993: 108). O nominalismo iniciado por Ockham, bem como o humanismo e a via mística por caminhos totalmente diferentes, desencorajam neste novo contexto uma contemplação otimista do mundo e, tal como observa Pierre Chaunu, incita a uma procura para além do presente (CHAUNU, 1993: 111). A escolástica, não correspondendo mais aos anseios da maior parte dos homens de seu tempo, e tampouco às condições objetivas trazidas pelos novos tempos, abria finalmente espaço para novas formas de pensamento, algumas delas surgindo de seus próprios desenvolvimentos. Mas aqui, certamente, já nos avizinhamos de outro capítulo da história cultural.

Referências

ALESSIO, F. (2002). "Escolástica". In: LE GOFF, J. & SMITH, J.-C. (orgs.). *Dicionário de História Medieval*. Vol. I. São Paulo: Edusc.

CHAUNU, P. (1993). "As correntes de pensamento". *O tempo das reformas* – A crise da Cristandade. Lisboa: Ed. 70, [original: 1975).

CHENU, M.-D. (1974). *Introduction à l'étude de Saint Thomas d'Aquin*. Paris/Montreau: Institut d'Études Médiévales.

GILSON, E. (1958). *La Philosophie au Moyen Age*. Paris: Payot.

______ (1951). *Jean Duns Scot*: introduction a ses positions fundamentales. Paris: Vrim.

LE GOFF, J. (1993). *Os intelectuais na Idade Média*. São Paulo: Brasiliense.

PANOFSKY, E. (1991). *Arquitetura gótica e escolástica*. São Paulo: Martins Fontes [original: 1951].

VAN STEENBERGHEN, F. (1951). "Le mouvement doctrinal du XIe au XIVe siècle". In: FLICHE & MATIN (orgs.). *Histoire générale de l'Eglise*. T. VIII. Paris: Bloud & Gay, p. 355ss.

VERGER, J. (1999). *Homens e saber na Idade Média*. Bauru: Edusc [original: Paris: PUF, 1997].